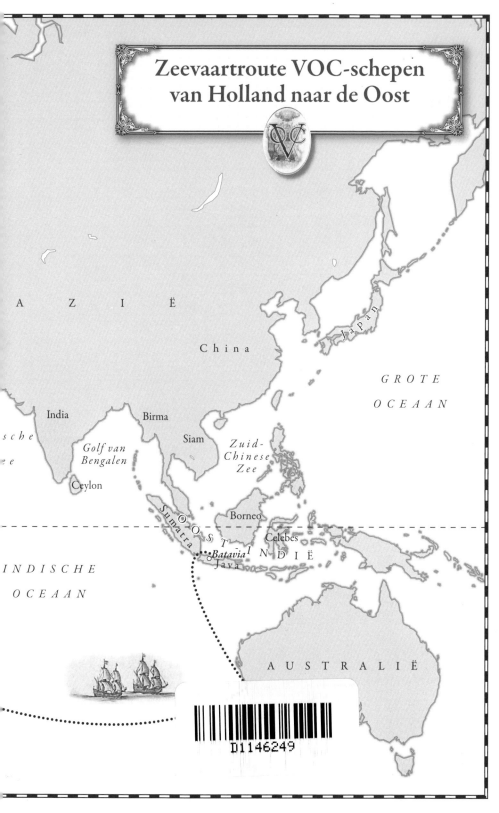

De gestrande Meermin

De jongen knikte trots.

'Ik heb de dingen gezien zoals u ze beschreven hebt. Ik ben door de gangen van Camelot gelopen. Ik heb gevoeld wat Lancelot voelde.'

'Dat is wat boeken voor je doen', zei de monnik. 'Ze geven je een extra leven, één die door je fantasie wordt gevoed.'

Luc Huybrechts, *Het vijfde testament*, Eerste boek: Duisternis, 2001

'Ze had gelijk gehad. De wereld was vreselijk, wreed, zonder mededogen, donker als een nare droom. Geen plaats om te leven. Boeken waren de enige plek waar je medelijden, troost en geluk vond... en liefde. Boeken hielden van iedereen die ze opensloeg, ze gaven geborgenheid en vriendschap, en vroegen daar niets voor terug, gingen nooit weg.'

Cornelia Funke, *Hart van inkt*, 2005

André en Nienke Nuyens

De gestrande Meermin

of

de opstand op een slavenschip van de VOC

Uitgeverij Christofoor, Zeist

Voor Riet

Nuyens, André en Nienke

De gestrande Meermin. Of de opstand op een slavenschip van de VOC / André
en Nienke Nuyens – Zeist: Christofoor
ISBN 978 90 6038 607 1
NUR 283
Trefw.: jeugdboeken / oorspronkelijk

Ontwerp omslag: Riesenkind
Omslag: voorzijde foto's Jari en Sjahari: Reina Ligthart; foto schip: *Endeavour*,
reproduced by courtesy of the Australian National Maritime Museum, Sydney,
Australië; achterzijde foto auteurs: Meindert Steg, foto boegbeeld: Reina
Ligthart; kaart: Erik Eshuis / Lansys
© André en Nienke Nuyens / Uitgeverij Christofoor, Zeist 2009

Inhoud

1 Jonge jutters

Met hun ogen strak op het zand gericht, waren Asiphe en Tom lang geleden met hun hoofden tegen elkaar gebotst. Ze waren allebei aan het jutten naar aangespoelde spullen na een harde storm. Wrijvend over hun hoofd hadden ze elkaar eerst boos aangekeken en waren daarna in lachen uitgebarsten. Sindsdien waren ze vrienden.

Asiphe en Tom nemen elke dag samen de schoolbus naar Bredasdorp en zitten naast elkaar in de hoogste klas van de basisschool. De twee vrienden lijken helemaal niet op elkaar. Toms lange bos krullen hangt altijd in strengen voor zijn vrolijke mokkakleurige gezicht, terwijl Asiphe een ernstig gezicht met kort haar heeft en zo zwart is als de nacht. Maar ze zijn allebei dol op de zee en op avontuur. Ze vinden het stilzitten in de klas maar moeilijk.

Tom en Asiphe zwerven na schooltijd vaak rond in het Scheepswrakkenmuseum in Bredasdorp. Ze kennen de geschiedenis van alle wrakken en gestrande schepen in hun baai uit hun hoofd. De Struisbaai vlakbij Kaap Agulhas, het zuidelijkste puntje van Afrika, heeft een verraderlijke stroming. Daar botsen twee oceanen, de Indische Oceaan en de Atlantische Oceaan, op elkaar. Veel schepen raakten daar vroeger in moeilijkheden.

'Ga je straks nog even mee naar David?' fluistert Tom tijdens de saaie biologieles. 'Ik heb helemaal geen zin om straks meteen naar huis te gaan.'

'Dat is goed', fluistert Asiphe terug.

Hoewel de jongens altijd met elkaar optrekken, zijn hun karakters totaal verschillend. Tom is de durfal van de twee: hij is altijd op zoek naar nieuwe avonturen en dol op gevaar. Asiphe is een rustige, dromerige jongen, die soms een beetje te veel met zijn hoofd in de wolken loopt.

Zodra de les is afgelopen, rennen de jongens door de smalle straten naar het Scheepswrakkenmuseum. Ze zijn goede vrienden geworden met de directeur van het museum, David Benton, die zelf ook een verwoed strandjutter is. Er komen niet zo heel veel mensen in zijn museum. Daarom vindt hij het leuk dat Tom en Asiphe geen genoeg lijken te krijgen van de verhalen over de gestrande schepen.

'Weten jullie wat Kaap Agulhas betekent?' vraagt hij aan de jongens.

De jongens kennen het verhaal al, maar schudden hun hoofd.

'Dat betekent letterlijk Naaldenkaap. Dat komt omdat de zeevaarders op het zuidelijkste puntje van hun reis op weg naar Oost-Indië merkten dat de kompasnaald geen magnetische afwijking vertoonde, maar zuiver naar het noorden wees.'

'Jullie weten natuurlijk hoe zeelieden berichten voor elkaar achterlieten?' gaat hij verder.

Tom en Asiphe kijken elkaar aan. Dat verhaal hebben ze al minstens drie keer van David Benton gehoord. Maar ze willen hem niet teleurstellen.

'Nee', antwoordt Asiphe. 'Hoe deden ze dat dan?'

'Ze schreven briefjes en stopten die in een schoen, die ze aan een boom hingen. Elke zeeman die langskwam liep de schoenen in de bomen na, om te kijken of er een berichtje voor hem bij was. In Mossel Bay is er een museum aan gewijd, het Old Post Office Tree Manor. Daar moeten jullie zeker een keer een kijkje gaan nemen.'

'Misschien gaan we er nog een keer met school heen', zegt Tom.

'Ik heb iets nieuws voor jullie!' zegt David. 'Kijk eens wat ik eergisteren op het strand heb gevonden!'

David houdt een stuk oude ketting omhoog.

'Wat is dat?' vraagt Asiphe.

'Dit, jongens, is een stuk van een slavenketting. Hiermee werden slaven* aan elkaar vastgeketend, zodat ze niet konden ontsnappen. De ketting zou wel eens hier vlakbij gemaakt kunnen zijn.'

Tom en Asiphe kijken toe hoe David de ketting schoonmaakt. Daarna helpen ze mee om in de encyclopedieën van David op te zoeken waar de ketting vandaan zou kunnen komen.

'Hij lijkt wel veel op deze slavenkettingen uit De Kaap*', zegt Asiphe, na een dik boek met foto's te hebben doorgewerkt. 'Kijk, de verbindingen en de rondingen komen overeen.'

'Ik denk dat je gelijk hebt', beaamt David. 'Geef mij dat boek eens even.'

'Mogen we de metaaldetector* lenen?' vraagt Tom, die slim van hun succes gebruikmaakt. 'Ik wil ook wel zo'n ketting vinden.'

'Vooruit dan maar, jongens. Maar als jullie iets vinden, brengen jullie het meteen naar het museum, hè?'

De jongens nemen de metaaldetector mee in de bus naar huis.

'Wat lijkt het me gaaf om zo'n ketting te vinden', zucht Asiphe.

'Dat gaat ons ook wel lukken hoor!' zegt Tom optimistisch. 'Het is gewoon een kwestie van doorzetten. Misschien vinden we ook wel gouden munten of sieraden!'

Nadat ze uit de bus zijn gestapt, lopen Asiphe en Tom snel naar hun dorp Waanhuiskrans. Thuis trekken de jongens een warm windjack aan en lopen meteen naar de duinen. Onderweg zien ze wel dat de lucht steeds donkerder wordt. Maar ze zijn zo enthousiast over de metaaldetector en de schatten die ze daarmee gaan vinden, dat ze zich weinig van het weer aantrekken. De jongens lopen door de duinen naar het strand.

Plotseling trekt Tom Asiphe opzij.

'Pas op, daar zit een pofadder onder de struik!'

'Oei, die had ik helemaal niet gezien', zegt Asiphe.

De jongens weten wel dat er hier veel giftige pofadders zitten, maar ze schrikken er toch elke keer weer van.

Een paar uur lang lopen Asiphe en Tom met de metaaldetector over het strand. Af en toe maakt het ding een piepend geluid en dan beginnen de jongens enthousiast te graven. Maar ze vinden niet meer dan een verroest blikje, een stuk ijzerdraad en een nieuwe munt van twee Zuid-Afrikaanse rand. Plotseling trekt er een windstoot over het strand en wordt het heel donker. Dan pas kijken de jongens omhoog naar de lucht.

'Shit! Het gaat stormen en onweren!' roept Asiphe naar Tom.

'Laten we maar vlug naar huis gaan', schreeuwt Tom door de wind terug naar Asiphe.

Maar als de jongens door de duinen lopen, breekt het noodweer al los. Met grote druppels klettert de regen naar beneden. Bliksemschichten schieten door de lucht. Binnen een paar minuten zijn Tom en Asiphe helemaal doorweekt.

'We moeten maar ergens schuilen, want zo gaat de metaaldetector van David kapot!' roept Asiphe.

Ze hollen naar de smalle loopbrug, die de oevers van de rivier de Heuningnest verbindt. Ze hebben al honderden keren over de brug gelopen, op weg naar het strand. Met grote stappen rennen de jongens over de brug. Opeens glijdt Tom weg over de houten planken, die spekglad zijn geworden door de regen. Hij kan zich nog net op tijd vastgrijpen aan de rand van de brug.

'Asiphe, help!' roept Tom in paniek.

Hij bungelt hulpeloos boven de snelstromende rivier. Asiphe zet de metaaldetector neer en grijpt Toms armen.

'Ik heb je vast!' roept Asiphe.

Stukje voor stukje trekt Asiphe Tom omhoog, totdat Tom met zijn buik op de brug ligt. Een beetje beverig staat Tom op. Een stuk voorzichtiger lopen de jongens de brug af.

Na een tijdje zien ze in de duinen het dak van een huis. Snel rennen ze over het pad dat naar het huis toe lijkt te lopen. Het komt uit bij een oude, vervallen woning.

'Hier woont vast niemand meer!' schreeuwt Tom.

Hij duwt de deur open en de jongens stappen naar binnen.

'Wat moet dat?' klinkt een barse stem opeens uit een hoek van de donkere kamer.

De jongens schrikken van het geluid.

'Sorry, meneer, we wisten niet dat hier iemand woonde. Mogen we binnenkomen? Het regent en onze metaaldetector wordt nat.'

'Vooruit dan maar', bromt de stem.

Voorzichtig lopen de jongens verder. Bij het schaarse licht van een kaal peertje zien ze een stoffige woonkamer met een paar oude stoelen en een tafel met ongelijke poten. Aan het plafond en aan de wanden hangen vissersnetten te drogen. In een schommelstoel in de hoek van de kamer zit een oude man met een donkergetinte huid en een lange, grijze baard.

'Je moet altijd het weer in de gaten houden. Het weer is hier verraderlijk; het kan zomaar omslaan', zegt de man niet onvriendelijk.

'Ja, meneer', antwoorden Tom en Asiphe bedremmeld.

'Wat doen jullie bij dit pokkenweer op het strand?' vraagt de man.

'We waren op zoek naar schatten van vergane schepen', antwoordt Tom.

Het klinkt wel een beetje vreemd, als hij het zo zegt.

'We mochten de metaaldetector lenen van de directeur van het Scheepswrakkenmuseum. Hij heeft gisteren een slavenketting gevonden.'

'Kijk aan, kijk aan', mompelt de man.

Met een stroeve beweging staat hij op uit zijn stoel en kijkt de jongens aan.

'Waar komen jullie vandaan?' vraagt hij verder.

'Van Waanhuiskrans', antwoordt Tom.

'Worden jullie ouders niet ongerust, nu jullie niet thuis zijn met dit noodweer?' vraagt de man.

Daar hebben de jongens nog niet aan gedacht.

'Moeten jullie ze niet even bellen? Jullie hebben tegenwoordig toch van die kleine telefoontjes die je mee kunt nemen?'

Tom pakt zijn mobieltje uit zijn jaszak. Die is behoorlijk nat geworden. Hij drukt op de toetsen.

'Hij doet het niet meer', zegt hij.

Hij kijkt naar zijn vriend Asiphe.

'Ik heb mijn mobieltje niet bij me', zegt deze. 'Vergeten.'

'Heeft u...?'

'Nee', onderbreekt de oude man hem. 'Naar deze afgelegen plek is nooit een telefoonkabel gelegd. En met zo'n modern ding kan ik toch niet omgaan. In ieder geval kunnen jullie met dit weer voorlopig niet naar huis terug.'

Een geweldige donderslag bevestigt zijn woorden. Tom en Asiphe knikken.

'Jullie lusten zeker wel een warme kop thee?'

'Lekker', zegt Asiphe.

De man rommelt in een kastje en haalt twee theekopjes zonder oor tevoorschijn. Hij giet water in een gedeukte fluitketel en zet deze op een gaspitje.

'Hoe heet u?' durft Tom na een tijdje te vragen.

'Ik ben Mike Jeroms en ik woon hier al mijn hele leven', antwoordt de man. 'Ik ben visser.'

Hij kijkt de jongens schuin aan.

'Hebben jullie honger? Deze storm is voorlopig nog niet voorbij.'

De jongens knikken, want ze rammelen van de honger van het harde werk op het strand. Mike haalt de fluitende ketel van het gaspitje. Hij pakt twee vissen uit een emmer, maakt ze schoon en legt deze met een dikke klont boter in een steelpannetje op het vuur. Asiphe en Tom kijken elkaar glunderend aan.

Wat een geluk, zomaar verse vis! Na een tijdje begint het lekker te ruiken in de kamer. De jongens warmen langzaam op door de warmte van het gaspitje en van de hete thee. De storm giert nog steeds om het houten huis.

Als de vissen goed doorbakken zijn, schept Mike ze op twee bordjes en zet die op de wiebelende tafel. De jongens laten het zich goed smaken.

'Dus jullie houden wel van strandjutten?' vraagt Mike als de jongens de vis naar binnen hebben gewerkt.

'Ja, meneer. We hoopten dat we een stuk van een slavenketting zouden vinden.'

'Zo, zo. Ja, slavenschepen hebben we hier genoeg gehad', zegt Mike bitter. 'Jullie kennen het verhaal van de gestrande *Meermin* zeker wel?'

De jongens kijken elkaar verbaasd aan. Van *De Meermin* hebben ze nooit iets gezien in het Scheepswrakkenmuseum.

'Nee, was *De Meermin* een slavenschip?' vraagt Tom.

'Wis en waarachtig. *De Meermin* moest slaven uit Madagaskar naar De Kaap brengen. Maar daar is ze niet helemaal in geslaagd', zegt Mike raadselachtig.

De jongens worden nu nieuwsgierig.

'Hoe is het dan afgelopen met *De Meermin*?' vraagt Asiphe.

Mike kijkt de jongens aan.

'Zal ik jullie het hele verhaal vertellen? Tja, we hebben wel even de tijd. Het is een lang verhaal dat ik van mijn ouders heb gehoord en mijn ouders weer van hun ouders...'

Hij haalt een fles sterke drank uit de kast en schenkt een flink glas voor zichzelf in.

'Voor jullie nog maar een kop thee. Voor drank zijn jullie nog te jong.'

Mike zakt onderuit in zijn schommelstoel en schraapt zijn keel.

2 Een schip wordt slavenschip

Het is december 1765, vlak voor Kerstmis, begint de visser zijn verhaal, wanneer koopman Olof Leij in Kasteel van Goede Hoop op De Kaap te horen krijgt dat hij voor de Verenigde Oost-Indische Compagnie* slaven moet gaan halen.

'Er komen steeds meer schepen langs die vers water, vers vlees en verse groenten willen inslaan op weg naar Oost-Indië', zegt de gouverneur* tegen hem. 'We zijn van plan de Compagniestuin groter te maken, om de schepen te kunnen blijven bevoorraden. We willen er een paar boomgaarden bij hebben. Voor het uitbreiden en het werken in de tuinen hebben we slaven nodig. Bovendien hebben we behoefte aan meer slaven voor de verzorging van onze veestapel en het onderhoud van onze wijngaarden. We hebben ze snel nodig.'

De koopman knikt.

'Dan is het 't handigste om ze van een van de eilanden te halen', oppert hij.

'Van Madagaskar?' vraagt de gouverneur, die een stofje van zijn groene zijden overhemd afveegt.

'Ja, dat is het dichtst bij', antwoordt de koopman.

'Ben je daar al eens geweest?'

'Ik heb daar al een paar keer eerder een vracht slaven gekocht.'

'Voor een goede prijs?'

'Het zal de Compagnie niet al te veel kosten', zegt Olof Leij sluw. 'Ik spreek voldoende Malagasi om met ze te onderhandelen.'

De gouverneur knikt tevreden. Hij kent Leij en weet dat hij

slim kan onderhandelen en altijd het beste voor weinig geld weet te kopen. Voor Leij geldt hetzelfde. Hij kent de heren van de VOC en weet dat ze goede koopwaar voor niet al te veel geld willen hebben. Het wordt een kwestie van zo goedkoop mogelijk inkopen, om toch nog een redelijke winst te maken.

'Waarmee heb je de slavenhandelaar de vorige keer betaald?' vraagt de gouverneur.

'Geweren met bajonetten*, daar zijn ze gek op. Die gebruiken ze ook als steekwapen. Verder rum en lichte kleding', antwoordt Leij.

'Dus als jullie nog ergens een voorraadje afgedankte geweren hebben liggen...' voegt hij er grijnzend aan toe.

'Ik verwacht elk moment schipper Muller', zegt de gouverneur, terwijl hij met zijn vingers op het bureau tikt.

Leij kijkt de werkkamer van de gouverneur rond. De rijkdom van de VOC is van de inrichting af te lezen: de grote, donkere meubels, het weelderige tapijt op de vloer en de kostbare schilderijen aan de wanden.

Op dat ogenblik stapt kapitein Christoffel Muller het vertrek binnen.

'Mag ik je voorstellen aan schipper Christoffel Muller', zegt de gouverneur.

'Aangenaam. Olof Leij', zegt de koopman.

'Aangenaam', zegt de kapitein, die blijft staan.

De gouverneur vertelt hem in het kort wat hij met de koopman heeft besproken.

'Ik ben gisteren nog wezen kijken bij het schip. De aanpassingen voor het vervoer van slaven zijn bijna klaar. Aan u de opdracht de koopwaar zo gezond mogelijk van Madagaskar naar De Kaap te brengen.'

'Daar kunt u op rekenen', zegt de kapitein. 'Ik ga vandaag nog beginnen met het ronselen van de bemanning. Er zijn nog genoeg zeelieden op De Kaap. Alleen scheepsjongens* zijn op dit moment moeilijk te krijgen.'

De gouverneur staat op, pakt zijn zwarte hoed met rode veer van de tafel en schudt de koopman en de schipper de hand.

'Het spijt me, maar ik heb een dringende bespreking met een bewindhebber* van de VOC.'

De koopman pakt zijn groene fluwelen mantel en zijn hoge hoed van de stoel en verlaat de kamer, gevolgd door de kapitein. Ze wandelen naar de overwelfde doorgang, die het kasteel in tweeën verdeelt. De vloer van de doorgang is geplaveid met houten blokken.

'Waarom hebben ze hier houten blokken neergelegd?' vraagt Muller aan de koopman, terwijl hij aan zijn zwarte baard krabt.

'Dan heeft de gouverneur minder last van het kletterende geluid van paardenhoeven', zegt Leij.

Voorbij de doorgang zijn allerlei werkplaatsen: een smidse, een touwslagerij, een zeilmakerij en een bakkerij. Het geluid van het getimmer en het geschreeuw van de ambachtslieden echoën tussen de muren van het kasteel.

'De gouverneur kan beter vragen of zij wat minder lawaai maken', merkt de schipper op.

Boven een van de deuren hangt een omgekeerd hoefijzer. De deur leidt naar de gevangenis van Kasteel van Goede Hoop.

'Als je daar terechtkomt, kun je de goede hoop wel laten varen', grinnikt Leij.

Ze verlaten de vesting door de hoofdpoort en lopen de heuvel af naar de haven. Ze kijken uit over de eindeloze zee, waarop verschillende schepen te zien zijn die de haven naderen of zojuist verlaten hebben.

'De gouverneur heeft gelijk', zegt schipper Muller. 'Het wordt iedere maand drukker in de haven.'

Ze wandelen langs de Compagniestuin waarin slaven bezig zijn de groenten en de fruitbomen water te geven. Aan het eind van de tuin wordt door een paar slaven een nieuw stuk grond vrijgemaakt van bomen, stenen en onkruid.

'Op welk schip vaar je?' vraagt Leij

'*De Meermin*. Een prima schip voor deze wateren.'

'Wanneer gebouwd?'

'Zes jaar geleden op de werf van de VOC in Amsterdam. Haar eerste reis was de reis naar De Kaap. Ze vaart hier al vijf jaar.'

De zeewind waait hen tegemoet. De koopman trekt zijn mantel aan, die hij tot nu over zijn arm heeft gedragen, en zet zijn hoed op.

'Dus je hebt de nodige ervaring?' vraagt hij aan de kapitein.

'Ik heb op alle Europese wateren gevaren en ik ben opperstuurman geweest op een reis naar Oost-Indië', antwoordt de schipper niet zonder trots.

'Ik bedoel met het vervoer van slaven.'

'Madagaskar ligt een stuk dichterbij dan Oost-Indië*. Daar draai ik mijn hand niet voor om', zegt de kapitein, die nauwelijks luistert naar wat de koopman zegt.

'Dus het is je eerste slaventransport als schipper?' vraagt de koopman, die zich begint te ergeren aan de ontwijkende antwoorden van de kapitein.

'Ik ken elke golf van de oceaan', schept Muller op. 'De zee heeft voor mij geen enkel geheim. Ik ben niet voor niets bevorderd tot kapitein door de heren van de VOC.'

'Jij bent verantwoordelijk voor orde en discipline aan boord.'

'Ik zorg wel voor bemanning. Ik kom net terug van mijn reis naar Oost-Indië. De meeste bemanningsleden zijn nog hier. Ik kan ze binnen een paar dagen verzamelen.'

De koopman geeft het op. De benoeming van de kapitein is tenslotte de taak van de VOC en niet zijn verantwoordelijkheid.

'Dat is goed', zegt de koopman. 'Ik wil zo snel mogelijk vertrekken.'

De koopman en de schipper lopen langs een aantal pakhuizen. De geur van specerijen komt hen tegemoet. Alles ziet er net zo lekker uit als het ruikt: bosjes rozemarijn en lavendel liggen naast schalen met kruidnagelen, kaneel en krenten.

Een lichter, een klein bootje met koopwaar, ligt afgemeerd aan de kade en een sjouwer draagt een baal specerijen op zijn rug van de kade naar het pakhuis. De koopman en de schipper staan even stil om te kijken hoe de baal specerijen naar boven wordt getakeld. Via een katrol wordt de baal opgehesen en op de derde verdieping naar binnen getrokken.

'Waarom zetten ze die spullen niet gewoon beneden neer?' vraagt de kapitein.

'Op de begane grond is het veel te vochtig voor peper, kaneel, nootmuskaat en kruidnagelen. En ook voor stoffen, zoals zijde en katoen', zegt Leij.

Er komt een paard en wagen aangereden, beladen met zware touwen, een anker en een aantal lege kisten en vaten.

'Kijk, dat soort materialen zetten ze wel beneden neer.' De wagen rijdt met lading en al het pakhuis binnen.

Intussen laat sjouwer Jeronimus Schellings op de derde verdieping de houten plaat weer zakken. De sjouwer beneden laat een baal van zijn schouders op het platform vallen. Daarna geeft hij een sein naar boven, terwijl hij terugloopt naar de lichter om een volgende baal te halen. Maar de baal staat niet goed in het midden van het laadbord. Nadat Jeronimus Schellings in het pakhuis de plaat naar boven heeft getakeld, buigt hij voorover om de baal te pakken en deze naar binnen te trekken. Maar op dat moment kantelt de baal en valt van het platform af.

'Kijk uit!' schreeuwt Jeronimus naar de koopman en de schipper, die beneden op straat staan toe te kijken.

Deze zien de baal als een zware kanonskogel op hen afkomen en doen net op tijd een stap opzij. Ze voelen de baal langs hen heen suizen en neerkomen op de straatstenen waar hij openbarst. Duizenden peperkorrels verspreiden zich over straat. Van het ene ogenblik op het andere staan ze in een bed van zwarte peper. Veel korrels rollen van de schuin aflopende straat het water in.

De koopman en de kapitein zijn zo geschrokken dat ze geen woord weten uit te brengen. De pakhuismeester komt op het geschreeuw af en ziet wat er gebeurd is.

'Wel alle duivels!' brult hij. 'Welke sukkel heeft dat op zijn geweten?'

De sjouwer beneden komt aanlopen met een nieuwe baal.

'Hij heeft hem er niet goed opgezet', roept Jeronimus van boven.

'Maar hij hijst veel te snel', werpt de sjouwer op straat tegen.

'Kom als de donder naar beneden om de kostbare peper te redden', schreeuwt de pakhuismeester naar boven.

'Begin jij alvast maar', bijt hij de sjouwer op straat toe. 'Ik trek bij jullie allebei een kwart van jullie weeksalaris af.'

'Dat is niet eerlijk', roept Jeronimus, die het pakhuis komt uitlopen. 'Hij viel er net ook al bijna af.'

Hij is een jonge jongen van een jaar of twaalf met blond krullend haar. Maar hij heeft een flink postuur en sterke armen van het tillen.

'Ik wil best die peper oprapen, maar die aftrek van het loon vind ik niet eerlijk', zegt de blonde sjouwer.

'Als je het niet accepteert, kun je vertrekken, Jeronimus', zegt de pakhuismeester streng. 'Voor jou tien anderen.'

'Dan vertrek ik', zegt Jeronimus en laat de peper uit zijn handen weer op straat vallen.

De pakhuismeester rent woedend naar binnen en komt even later naar buiten.

'Hier heb je je loon van gisteren. Je bent ontslagen.'

'En deze halve dag dan?' vraagt de jonge sjouwer.

'Die betaal ik niet!'

'Dat is gemeen!' roept Jeronimus verontwaardigd uit. 'Het is niet eens mijn schuld.'

'Nog hondsbrutaal ook. Wegwezen! Ik wil je niet meer zien.'

De sjouwer steekt de munten in zijn zak en loopt foeterend weg.

De koopman en de schipper hebben het hele tafereel van dichtbij gevolgd.

'Die jongen is in ieder geval niet achterlijk', zegt Leij, terwijl ze verder wandelen over de kade.

'En hij heeft sterke armen', voegt de kapitein eraan toe, terwijl hij met zijn hand over z'n kin wrijft.

Jeronimus zit een stukje verder op een steen boos voor zich uit te staren.

Wanneer kapitein Muller en de koopman hem passeren, staat Leij opeens stil.

'Jongeman, we hoorden zojuist dat je ontslagen bent.'

De sjouwer is nog te kwaad om direct te reageren. Hij blijft strak voor zich uitkijken en schudt zijn hoofd.

'Wij varen over een week naar Madagaskar. Misschien heeft schipper Muller wel werk voor je. Heb je al eens gevaren?'

Schipper Muller voelt zich overvallen door de opmerking van de koopman en kijkt Leij verbaasd aan.

'Ja, ik heb één keer gevaren', antwoordt Jeronimus. 'Met mijn vader naar Oost-Indië.'

'De schipper heeft nog een sterke scheepsjongen nodig, is het niet, Muller?

'Eh... ja, sterke kerels kan ik aan boord altijd gebruiken.'

'Je hebt nog weinig ervaring, dus hij kan je niet zoveel betalen als de pakhuismeester. Maar je hebt in ieder geval weer meteen vanaf vanmiddag werk. Wat vind je ervan?'

Jeronimus denkt een paar tellen na. De zee trekt hem wel, maar als hij terugdenkt aan zijn laatste ervaring op zee...

'Hoe lang duurt de tocht naar Madagaskar?'

'Met een week of drie zijn we waarschijnlijk terug.'

Dat zou mooi zijn, denkt Jeronimus. Eigenlijk kan ik nu uitzoeken of ik het weer leuk vind om op een schip te varen.

'Ik wil het graag proberen', zegt hij.

Leij geeft de kapitein een lichte por in zijn zij.

'Eh... goed. Dan ben je aangenomen', zegt de schipper.

'Loop maar met ons mee.'

Terwijl schipper Muller en de koopman verder lopen, sluit de jonge sjouwer zich bij hen aan.

Wat een geluk! denkt hij. In een half uur tijd ontslagen en een nieuwe baan gevonden.

Ze naderen de haven waar het een drukte van belang is. Er liggen veel schepen in de baai. Lichters varen af en aan om goederen uit de ruimen van de schepen te halen of ernaartoe te brengen. Er zijn ook bootjes die de goederen van het ene schip direct overhevelen naar het andere schip. Jeronimus stond hier in zijn vrije uren vaak naar te kijken.

De kapitein en de koopman blijven staan bij een driemaster met de naam *De Meermin*.

'Dit is mijn schip', zegt de schipper tegen de koopman.

Jeronimus kijkt naar het grote schip met de drie masten. De zon spiegelt in het water en het lijkt net of de naam *De Meermin* beweegt. Op de boeg ziet hij een mooi beeld van een meermin.

'Hoe groot is het schip precies?' vraagt Leij.

'Het is 31 meter lang en heeft een laadvermogen van 450 ton.'

'Dan kunnen er heel wat slaven in', merkt Leij tevreden op. 'Jammer genoeg kunnen we ze niet als balen opstapelen. Ze mogen onderweg niet sterven. In ieder geval niet voordat ze op De Kaap zijn afgeleverd.'

'Waarom halen jullie die slaven eigenlijk niet uit het binnenland? Hier zijn toch ook zwarten genoeg?' vraagt de kapitein.

'Zoveel zwarten zijn er niet meer in dit gebied', antwoordt Leij. 'We moeten ze van steeds dieper in het binnenland halen. De VOC heeft ze liever van buiten De Kaap. Dan kunnen ze niet terugvluchten naar hun stammen wanneer ze ontsnappen.'

'O ja, natuurlijk.'

'Ik heb gehoord dat slaven uit India en Oost-Indië veel betere werkers zijn', zegt de schipper.

'Klopt, maar er is nu dringend behoefte aan slaven. We krijgen minder geld per slaaf, maar we kunnen veel sneller naar Madagaskar varen dan naar Oost-Indië. Bovendien is de kans een stuk kleiner dat Engelse schepen ons lastig vallen.'

Daarin moet de kapitein de koopman gelijk geven.

'Je bent koopman of je bent het niet', zegt hij lachend. 'En naar Oost-Indië varen is zeker gevaarlijk. Als het niet de Engelsen zijn die het op de koopwaar gemunt hebben, dan zijn het wel de piraten, die om de bocht van elk eiland op de loer liggen. Ik heb tijdens mijn vorige reis heel wat strijd moeten leveren.'

Jeronimus heeft het gesprek met stijgende verbazing aangehoord. Het wordt dus een slavenschip waarop hij als scheepsjongen gaat werken. Natuurlijk weet hij wat slaven zijn. In de stad was hij wel eens langs een slavenmarkt gelopen. Daar had hij gezien hoe boeren of kooplieden de slaven van alle kanten bekeken en betastten. Ze hadden de slaven aan hun tanden gevoeld, in hun armen en benen geknepen, aan hun neus getrokken en daarna een bod uitgebracht. In het pakhuis werkten soms ook slaven als sjouwers. En meer dan eens voelde hij zich niet veel meer dan een van hen... Maar het idee om scheepsjongen te worden op een schip dat slaven gaat ophalen, daar moet hij toch even aan wennen. Een paar tellen speelt hij met de gedachte van de reis af te zien. Hij beseft dat zo'n reis heel anders zal zijn dan een reis waarbij specerijen, kruiden, thee of porselein worden opgehaald. Maar ja, dan verdient hij ook niets. En terug naar het weeshuis wil hij niet meer...

In het schip hoort hij een constant geklop en getimmer. Achter de kapitein en de koopman loopt hij via de loopplank het dek op en een trap af, die toegang geeft tot het ruim van het schip. Timmerlieden zijn druk bezig de tussenschotten uit de ruimen te breken, zodat er één grote ruimte ontstaat. Andere timmerlui slaan ijzeren kettingen in de balken op de bodem van het ruim.

Leij stoot de kapitein aan en loopt op een timmerman af.

'Je moet de kettingen dichter op elkaar zetten. Dan kunnen er nog meer in het ruim.'

'Maar dit is al heel dicht op elkaar', zegt de timmerman. 'Zo heb ik het ook bij een ander schip gedaan.'

'Daar heb ik niets mee te maken. Je doet wat wij zeggen.'

Hij kijkt naar de schipper.

'Doe wat hij zegt, Pelsaart', zegt de kapitein, hoewel hij het er eigenlijk niet mee eens is.

Maar hij weet dat de koopman uiteindelijk de baas is op het schip. Leij wenkt Jeronimus.

'Ga eens vlak naast de timmerman op de grond zitten.'

Jeronimus doet wat hem gevraagd wordt. Hij zit zo dicht tegen de timmerman aan dat zijn heup en zijn schouder die van de timmerman raken. Het voelt niet prettig.

'Zie je wel? Als je ze maar dicht genoeg tegen elkaar aanschuift, kunnen de kettingen een stuk dichter op elkaar worden geplaatst', merkt de koopman op.

'Haal die haken maar los en maak de afstand tussen de kettingen kleiner. Dit is de afstand die je moet aanhouden.'

Hij pakt een stuk hout, meet de afstand, geeft een kras op de lat en geeft de lat aan de timmerman. Francisco Pelsaart staat op met een zucht en begint de ketting aan het eind van het ruim los te maken.

'Als er zo een hele rij naast elkaar zit...'

'...dan vallen ze niet om als het schip overhelt', valt de kapitein hem spottend in de rede.

'...en kunnen we een flinke vracht slaven meenemen', vult Leij aan.

De klok van Kasteel van Goede Hoop slaat. Zelfs in het ruim van het schip is hij duidelijk hoorbaar.

'Ik ga terug naar het kasteel om nog meer kettingen bij de smid te bestellen', zegt Leij.

De schipper knikt.

Terwijl Jeronimus de schipper en de koopman volgt, hoort hij achter zich de bebaarde timmerman zuchten:

'Ze hebben ook geen greintje gevoel in hun lijf.'

Jeronimus vindt dat Pelsaart gelijk heeft. Ze vervoeren toch geen goederen, die je zomaar op en tegen elkaar kunt leggen. Op de wal neemt Leij afscheid van de schipper.

'Ik wens je een zalige kerst toe, Muller', zegt de koopman.

'Dank je', zegt Muller. 'Jij ook.'

Leij geeft de kapitein een hand, terwijl hij met een knipoog fluistert:

'Die jonge sjouwer hoeft je niet al te veel te kosten.'

'Zet hem maar meteen aan het werk.'

Even later is hij verdwenen tussen de mensen op de kade.

Dan werpt de schipper een blik op Jeronimus, die een paar meter verder staat af te wachten.

'Ga jij de pokken en het wier maar van de boorden schrobben! En als je daarmee klaar bent, kun je gaan breeuwen*.'

3 Op weg naar Madagaskar

Jeronimus keert na het invallen van de duisternis niet naar huis terug. Hoewel huis een groot woord is. Zijn onderdak is niet meer dan een oude, gammele woning in een van de achterbuurten van De Kaap. Hij woont daar met veertien andere kinderen, verdeeld over drie slaapkamers. Het huis is eigenlijk onbewoonbaar. Als het regent, regent het binnen bijna even hard als buiten. Gelukkig regent het niet zo vaak. Na een sober ontbijt stuurt de strenge huisbaas zijn jonge kostgangers er dagelijks op uit om werk te zoeken als sjouwer of loopjongen.

'En als er geen werk is, ga je maar bedelen', roept hij de jongsten elke dag na. 'Maar vanavond wil ik geld zien. Jullie eten me toch al arm.'

Jeronimus is daar terechtgekomen na het overlijden van zijn vader. Na de dood van zijn moeder heeft zijn vader dienst genomen op een VOC-schip. Jeronimus mocht mee als hulpje van zijn vader. Op de terugreis vanuit Batavia is zijn vader in een zware storm bij Kaap Agulhas uit het want* gevallen en verdronken. Bij aankomst op De Kaap werd Jeronimus door de kapitein doorgestuurd naar het weeshuis van Dirk Greep.

Vanaf nu slaapt hij elke nacht onder een stuk zeil dat op de havenkade ligt. Overdag doet hij allerlei klusjes op *De Meermin*. Hij durft niet in de buurt van het weeshuis te komen. Stel je voor dat Dirk Greep hem te pakken zou krijgen en hem mee zou nemen voor werk in het binnenland... Bovendien wil hij geen cent meer afstaan aan die gemene uitbuiter.

Het aanbod van koopman Leij is verleidelijk: geen slaag meer, beter eten en geld dat hij zelf mag houden. Hoewel hij zich, na de verdrinkingsdood van zijn vader, voorgenomen had nooit meer een voet op een schip te zetten...

Op de dag van het vertrek van *De Meermin* laden de zeelieden kisten met ruilgoederen, zoals geweren, dolken, kleding, tapijten en ijzeren gereedschap in het ruim. Anderen brengen drinkwater, groenten, fruit en vlees aan boord. Weer anderen trekken moeizaam gillende varkens de looptrap op. Jeronimus sjouwt kippen de trap op om ze op te bergen in een ren op het bovendek. Wanneer een kip uit zijn handen glipt, krijgt hij de eerste uitbrander te verwerken.

'Vasthouden dat beest, sukkel!' roept een zeeman vanaf het dek.

Als Jeronimus de kip weer gevangen heeft, kijkt hij omhoog recht in het grijnzende, ongeschoren gezicht van Lennaart Voordewindt, die hem vanaf de reling staat uit te lachen. Hij draagt een vale, rode hoofddoek, die strak om zijn hoofd is gebonden.

'Of ben je soms bang voor een kip?'

Jeronimus stopt de kip in de ren op het voordek en loopt de looptrap af om de volgende kip uit het hok te halen, dat op een handkar op de kade staat.

Vroeg in de middag worden de looptrappen verwijderd en de trossen losgegooid. *De Meermin*, met tweeënzestig bemanningsleden aan boord, verlaat de baai.

Jeronimus ziet Kasteel van Goede Hoop snel kleiner worden, maar de langgerekte Tafelberg blijft hij nog heel lang zien.

De zee is een rimpelloze vlakte van glinsterend blauw en tussen de werkzaamheden door geniet hij van het weidse uitzicht.

's Avonds zoekt hij in het krappe, donkere ruim van het benedendek zijn hangmat op, die aan een plafondbalk van het hogere dek is vastgemaakt. Jeronimus heeft moeite in de schommelende hangmat te klimmen, maar wanneer hij eenmaal ligt, valt hij al na een paar minuten van vermoeidheid in slaap.

De eerste dagen zeilt *De Meermin* voor de wind. Het smalle schip kan door zijn grote diepgang scherp aan de wind zeilen en maakt dertien knopen* per uur. Koopman Leij is daardoor vrolijk gestemd en komt af en toe met de werkende bemanningsleden een praatje maken. Kapitein Muller staat de zeelieden zelfs toe 'voorbij de mast'* te komen.

De eerste week vindt Jeronimus het heerlijk op *De Meermin*, die over een bijna gladde zee voortglijdt. 's Avonds, na het werk, zittend op het bovendek, geniet hij met volle teugen van de ondergaande zon, die als een reusachtige oranje vlam het schip beschijnt. Soms krijgt hij de indruk dat de zon lichtjes op en neer danst in plaats van het schip. Hij geniet van de donkere gedaantes van onbewoonde eilanden in het tegenlicht van de ondergaande zon. Zelfs als hij hondenwacht* heeft, kan hij eindeloos turen naar de honderden sterren die flonkeren aan de blauwzwarte hemel.

Regelmatig wordt hij door scheepstimmerman Francisco Pelsaart geroepen om hem te helpen bij het klussen. Dat vindt Jeronimus veel leuker werk dan het schrobben van het dek, het luchten van de slaapruimte van de bemanning of het reinigen van de toiletemmers.

Pelsaart ziet dat de scheepsjongen plezier heeft in zijn werk en doet hem geduldig voor hoe dingen gemaakt of gerepareerd moeten worden. Hij heeft al vele reizen meegemaakt en vertelt Jeronimus over de vogels die leven van de zee en 's nachts op hun schip overnachten. Van hem leert Jeronimus hoe hij de verschillende winden, stromingen en golfbewegingen van de zee kan onderscheiden. De scheepstimmerman is een vrolijke man, die veel grapjes vertelt en vaak zingt.

Maar niet iedereen is zo aardig. In de groep van zes man met wie Jeronimus gezamenlijk uit één houten bak eet, zit ook matroos Voordewindt, die elke gelegenheid aangrijpt om de jonge Jeronimus te treiteren.

'Zo, kippenvriend, ik heb vanmiddag een leuk klusje voor je. Je mag zo dadelijk het galjoen* schoonmaken.'

Iedereen aan boord weet dat dát het smerigste werk aan boord is. Op het galjoen doen de zeelieden hun behoefte.

'Ik ben er net zelf geweest en het ziet er niet al te fris meer uit.'

Voordewindt grijnst vals en de andere tafelgenoten grinniken zachtjes mee. Je kunt die Voordewindt maar beter te vriend houden. Dan ben je in ieder geval niet de klos, zoals die blonde scheepsjongen, denken ze.

'Ik heb het gisteren nog gedaan', protesteert de scheepsjongen.

'Dan heb je het niet goed genoeg gedaan.'

'Dat heb ik wel. Ik doe het om de dag. Morgen zal ik het weer schoonmaken.'

In één beweging staat Voordewindt van zijn scheepskist op en grijpt Jeronimus bij zijn keel.

'Als ik zeg dat jij het galjoen vanmiddag moet schoonmaken, dan doe je dat', schreeuwt hij. 'Je doet wat ik jou opdraag.'

'Dat doe ik ook, maar niet als het zinloos is.'

Op het moment dat Voordewindt Jeronimus een oplawaai wil verkopen, stapt kapitein Muller het dek op.

'Wat is hier aan de hand?' vraagt hij, terwijl hij op het geschreeuw afkomt.

'De scheepsjongen wil mijn opdracht niet uitvoeren', zegt Voordewindt, terwijl hij Jeronimus loslaat en weer gaat zitten.

'Ik heb de rooster op het galjoen volgens zijn opdracht gisteren nog schoongemaakt en vandaag moet ik het weer doen. Ik doe het vanaf het begin om de dag en daar klaagt niemand over.'

'Dat lijkt me ook voldoende', zegt Muller. 'Er is genoeg ander werk te doen en op overbodige werkzaamheden zit niemand te wachten. Verder nog iets, Voordewindt?'

Voordewindt mompelt nog wat, maar zegt niets. De kapitein verwijdert zich en klimt naar het bovendek.

'Ik krijg je nog wel, kippenkop!' bijt de zeeman Jeronimus toe. 'Je bent nog niet van me af.'

28

Scheepstimmerman Pelsaart, aan wie Jeronimus het incident vertelt, waarschuwt hem vooral heel voorzichtig te zijn.

'Elke keer als die Voordewindt zijn mond opendoet om iets te zeggen, lijkt hij dommer te worden, maar pas op! Je kunt hem 't beste zo veel mogelijk uit de weg gaan. Je moet vooral niet ingaan tegen zijn pesterijen. Ik heb gehoord dat hij al een paar keer in de gevangenis heeft gezeten. Het is een kwaaie. Wat hij mist aan verstand, heeft hij te veel aan gemeenheid.'

'Maar waarom moet hij juist mij hebben?'

'Zulke types zoeken altijd iemand om te pesten. Het zijn verbitterde lieden die hun onvrede op anderen afreageren. En toevallig viel zijn oog op jou. Het heeft niets met jouw gedrag te maken. Hij is nog dommer dan het achterend van een varken.'

Twee dagen later loopt Voordewindt expres de emmer omver waarmee Jeronimus het dek schrobt. De dag erop krijgt Jeronimus, terwijl hij op het galjoen zijn behoefte zit te doen, plotseling een emmer urine over zich heen. De scheepsjongen reageert niet op de treiterijen van de zeeman, zoals Pelsaart hem heeft aangeraden. Maar het kost hem moeite.

Ongewild krijgt Voordewindt een dag later een koekje van eigen deeg, een heet koekje zelfs...

Nadat Jeronimus in het want de touwen heeft ingesmeerd met vet en teer om ze soepel te houden, glijdt hij naar beneden langs het leren omhulsel dat om het touw zit. Op dat moment valt er een klodder teer van een touw naar beneden, precies in het gezicht van Voordewindt, die naar zijn werk aan het kijken was.

'Wel, duivelsjong, wat flik je me nou?' brult hij naar boven, terwijl hij de gloeiend hete teer van zijn wang veegt.

Als Jeronimus op het dek stapt, loopt de zeeman dreigend op hem af. De timmerman, die even verderop een deur aan het repareren is en het tafereel heeft gevolgd, doet een stap naar voren.

'Kom, Jeronimus, ik heb dringend je hulp nodig. Ik ben bezig met het ophangen van een deur, maar het wil niet erg lukken.'

Voordewindt, die zijn arm al heeft opgeheven om uit te halen, draait zich verbaasd om naar de timmerman.

'Neem me niet kwalijk', zegt de timmerman spottend. 'Ik was eerst.'

Terwijl hij de scheepsjongen met zich meetroont, loopt Voordewindt vloekend weg.

Een paar dagen later timmeren Jeronimus en Pelsaart een kist vast, die door de schommelingen van *De Meermin* is losgeraakt. Een paar meter verderop staat Voordewindt voor een spiegel zijn rode doek om zijn hoofd te binden.

'Spiegeltje, spiegeltje aan de wand', spot Pelsaart.

'Bemoei je met je eigen zaken, nagelkop.'

'Je hoeft je voor ons niet mooi te maken hoor, Voordewindt', spot de timmerman rustig verder. 'En voorzover ik weet hebben we geen vrouwen aan boord.'

Met een nijdige blik in zijn ogen beent Voordewindt bij hen vandaan.

'Die woeste blik maakt hem er ook al niet mooier op', grinnikt Pelsaart, terwijl hij een volgende nagel in de kist slaat.

De humor van de scheepstimmerman bevalt Jeronimus wel.

Op een middag zit de scheepsjongen op z'n knieën het dek te schrobben, vlakbij een opening in de reling van het schip. Hij buigt een beetje naar voren om het laatste stukje vuil van de opstaande rand van het boord weg te boenen. Op dat ogenblik hoort hij iemand snel naderbij komen. Voordat hij de gelegenheid krijgt zich om te draaien, voelt hij een duw tegen zijn achterste. Hij valt door de opening in de reling overboord. Met zijn handen om zich heen graaiend, weet Jeronimus nog net de onderste stang van de reling te pakken. Hij bungelt aan één arm langs het boord. Angstig kijkt hij omlaag, waar het witgroene schuim van de golven tegen het boord spat. Met veel moeite slaagt hij erin met zijn andere hand ook de reling te pakken. Terwijl hij omhoog kijkt en hulp roept, ziet hij de punt van een schoen over boord steken en even daarna de gemene grijns van Voordewindt.

'Zo, ben je gevallen, luizenbos?'

'Trek me omhoog, alsjeblieft', smeekt Jeronimus.

Hij probeert wanhopig omhoog te klimmen, maar zijn voeten glijden weg langs het gladde boord.

'Waarom zou ik? Iemand die zo onvoorzichtig is voorover te vallen...'

'Help me!'

'Waarom zou ik iemand helpen die teer in mijn gezicht gooit?'

De scheepsjongen kan het niet lang meer volhouden op deze manier. Hij voelt hoe zijn greep om de reling langzaam maar zeker verslapt. Onder zich ziet hij naast het opspattende schuim het donkere zeewater.

'Denk je echt dat iemand aan boord je zou missen?'

'Ja, ik, en jij ook. Wie moet anders jouw vieze drek opruimen?' klinkt opeens een andere stem. Het is Pelsaart, die Voordewindt hardhandig opzij duwt en een arm van Jeronimus vastpakt.

'Laat maar los, ik heb je al vast.'

Met zijn andere hand pakt hij de andere arm van de scheepsjongen vast en trekt hem omhoog. Een paar tellen later staat Jeronimus weer op het dek. Hij trilt over zijn hele lichaam.

'Hij...' zegt de scheepsjongen, terwijl hij naar Voordewindt wijst.

'Je hoeft het niet uit te leggen', zegt de timmerman. 'Het is niet zo moeilijk te raden wat er is gebeurd. Daarna wendt hij zich tot Voordewindt: 'Laat ik dit met je afspreken, Voordewindt. Het is een eenvoudige, maar duidelijke afspraak, die zelfs scheepsratten als jij kunnen begrijpen. Als deze jongen iets overkomt, een zogenaamd ongeluk, of een val overboord, dan overkomt jou precies hetzelfde.'

Terwijl Jeronimus nog staat te trillen van doodsangst, verdwijnt Voordewindt scheldend en tierend van het dek.

De dag erna valt de wind weg en komt het schip nauwelijks meer vooruit. Omdat het windstil is, veroorzaakt de zon een meedogenloze hitte.

De slaapruimte van de bemanning wordt warmer en warmer. In deze benauwde, slecht geventileerde ruimte hangen de hangmatten dicht naast elkaar. De luiken worden 's nachts opengezet, maar het tussendek stinkt nog meer dan anders naar zweet en ongewassen kleren.

Na vier windstille dagen gaat kapitein Muller over op rantsoenering van het voedsel. De zeelieden krijgen de helft van hun normale portie grauwe erwten, vis, brood en bier. Tijdens het eten wordt er door de zeelieden voortdurend geklaagd, vooral door Voordewindt.

'Denk je dat de schipper, de koopman en die andere hoge heren op rantsoen zijn? Heb je die varkens en kippen niet gezien? En die kisten waarin ze verse groenten kweken? Ik heb nog nooit een ei gehad. Nee, die lieden eten heerlijk vlees en verse eieren van tinnen borden en zitten op fatsoenlijke stoelen. Ons water is bedorven. Ons eten is grotendeels bedorven. En die ene keer dat we een stukje varkensvlees kregen, zat het vol met wormen. Hoeveel je er ook uithaalde, er kwam er altijd weer een tevoorschijn. Wij krijgen alleen wat over is van wat zij niet lusten. Ik mag hangen als het niet waar is.'

De andere zeelieden van de bak* zwijgen.

'Weet iemand van jullie nog hoe kaas eruitziet?' voegt Voordewindt er grinnikend aan toe.

'Ik ben vorige week een paar dagen ziek geweest', werpt zeeman Wouter Wouters tegen. 'En toen heb ik een brok kaas, een stukje varkensvlees en een ei gehad. Dat voedsel is dus ook voor de zieken.'

'O, als het zo gemakkelijk gaat, ben ik morgen ook ziek.'

'Geloof je soms niet dat ik ziek was?' zegt Wouters.

Hij staat dreigend op. Voordewindt doet hetzelfde. Jeronimus maakt van de gelegenheid gebruik de laatste hap erwten uit de gemeenschappelijke pan te scheppen. Voordewindt is een kop kleiner dan Wouters, die spierbundels heeft als ankertouwen. De wijde broek en het ruim vallende hemd van Wouters maken hem nog breder dan hij al is. Daar schrikt Voordewindt van en langzaam gaat hij weer zitten.

'Weet je wat jou mankeert, schollenkop? Jij hebt een veel te lange tong', beëindigt Wouters het gesprek.

'Ik heb jouw wijsheid niet nodig', zegt Voordewindt.

'Nee, daarom ben je ook zo dom. Jouw wereld is het bovendek en het benedendek en het houdt op bij de boorden van het schip, met af en toe een uitstapje naar een havenkroeg.'

'Wat is daar mis mee?'

'Dat je niet meer ziet dat de wereld groter is.'

'Het is dus niet waar wat je zei, Voordewindt', doet Pelsaart er nog een schepje bovenop. 'Dus waar wacht je nog op?'

'Wat bedoel je?' snauwt Voordewindt hem toe.

'Je zei zojuist dat je je zou ophangen als het niet waar was. Je hebt het ons beloofd.'

Voordewindt mompelt nog wat onduidelijks en houdt verder zijn mond. De zeelieden van de bak kunnen een grijns nauwelijks onderdrukken. Jeronimus geniet in stilte. Hij is blij dat die treiterkop op z'n nummer wordt gezet.

Na het eten wordt limoensap en wijn uitgedeeld. Dat moet ziektes als gevolg van de aanhoudende hitte zien te voorkomen. Voordewindt houdt de arm van de kok even vast als hij de wijn in zijn kroes giet, om een extra portie te krijgen.

'Blijft er nog wat voor mij over, kok?' zegt Wouters fel als hij dat ziet. 'Of moet ik het uit de kroes van Voordewindt overgieten?'

Voordewindt kijkt hem aan met een gezicht als een oorwurm.

Jeronimus glimlacht. Hij bewondert Wouters, die niet bepaald honing van zijn tong laat druipen.

Diezelfde avond valt er een hoosbui zoals Jeronimus nog nooit heeft meegemaakt. Alsof de hemel in één keer leegstroomt. Onmiddellijk krijgen hij en andere zeelieden de order lege tonnen uit het ruim te halen en die op het dek neer te zetten. De vaten vangen het regenwater op, dat in dikke druppels loodrecht uit de lucht valt. Verschillende matrozen staan te dansen in de regen en vangen met open mond zoveel mogelijk waterdruppels op.

Na de regenbui, die een paar uur duurt, begint het te waaien en worden Jeronimus en andere zeelieden het want ingestuurd om zeilen bij te zetten.

De volgende dag klinken vanuit het kraaiennest* de woorden waar iedereen naar verlangt: 'Land in zicht!'

4 De overval op het dorp

Na een uur bereikt *De Meermin* de kust van Madagaskar. Stuurman IJsbrand Rostock zwenkt het schip en vaart langs de kust naar het noorden.

'Weet je zeker dat je de plek herkent waar we voor anker moeten gaan?' vraagt kapitein Muller aan Leij.

De koopman knikt.

'Bij de vorige expeditie hebben we een houten fort gebouwd aan de monding van een rivier.'

'Maar er zijn meer houten forten aan riviermondingen gebouwd voor slaventransporten', merkt Muller op.

'Naast het fort staan vier hoge palmbomen waarvan er één dood is', vult de koopman aan. 'Dat fort moeten we hebben. Daar in een dorp in het achterland woont de slavenhandelaar met wie ik de vorige keer onderhandeld heb.'

Ze varen nog een halve dag verder langs een afwisselend landschap: brede stranden en lage duinen overlopend in een laagvlakte, of palmbossen tot aan zee, en daarachter hoge kale bergen.

'Kijk, daar is het!' roept Leij opgelucht.

Vier metershoge bomen steken hoog boven het struikgewas uit.

'Hoe dicht kunnen we de kust naderen?' vraagt Rostock, die een pijp rookt, aan de koopman.

'Je kunt tot ongeveer vijftig meter van de kust komen', zegt Leij.

De stuurman laat een matroos voortdurend peilen wanneer hij *De Meermin* recht op het fort af vaart. De matroos geeft de diepte door middel van gebaren aan Rostock door. Dan geeft de stuurman het bevel het anker uit te werpen.

Leij geeft opdracht alle vijf de sloepen in zee te laten zakken. Hij wijst vijfenveertig man aan die meegaan met de expeditie, waaronder Jeronimus, Wouters, Pelsaart en Voordewindt. De kapitein blijft met een klein groepje op het schip achter, om het schip tegen eventuele aanvallen te verdedigen.

De zeelieden worden verdeeld over de sloepen en roeien naar het fort. In de voorste sloep staan zes mannen met geweren in de aanslag. In de achterste sloep zitten de kisten met de goederen die de koopman wil ruilen voor slaven. Leij geeft de roeiers van de andere sloepen een teken vaart te minderen en af te wachten. De eerste sloep bereikt het strand vlakbij het fort. In de verste verte is er geen teken van leven te bespeuren. De matrozen stappen uit en rennen gebukt naar het houten gebouwtje. Door de palen aan de zijkant heen gluren ze naar binnen. Ze maken met gebaren aan de koopman duidelijk dat de kust veilig is. Dan geeft Leij een sein aan de zeelieden van de andere sloepen dat ze kunnen volgen. Jeronimus, die in de tweede sloep zit, haalt opgelucht adem. Wanneer hij het houten fort binnenstapt, ziet hij dat het eigenlijk niet meer is dan een grote overdekte omheining. Hier en daar is een kleine opening aangebracht als schietgat. De deur aan de voorkant van het fort, die op het strand uitkomt, blijkt te zijn verdwenen.

'Die doet waarschijnlijk dienst in een of andere dorpshut', lacht Leij. Uit het dak zijn een paar planken verdwenen. Je kunt zien dat er lang niemand is geweest. Takken van struiken steken hier en daar tussen de palen van de omheining door naar binnen.

De kisten met ruilgoederen worden naar het houten fort gebracht.

'Pelsaart, jij blijft hier om het fort te repareren en de goederen te bewaken', beveelt Leij. 'Dan kunnen we ons hier verdedigen. Maar ik neem aan dat dát niet nodig zal zijn.'

'Ik heb wel iemand nodig om mij te helpen', zegt Pelsaart. 'Ik moet bomen kappen en verslepen en planken zagen.'

Leij wijst jammer genoeg iemand anders aan dan Jeronimus. Die had graag achter willen blijven om Pelsaart te helpen.

De koopman zet twee geweren in de hoek van het fort.

'Mochten jullie door wilden worden overvallen, dan kunnen jullie hier gebruik van maken.'

Daarna richt Leij zich tot de zeelieden.

'We gaan eerst naar het dorp dat hier vlakbij ligt. Daar woont het stamhoofd met wie ik twee jaar geleden onderhandeld heb. Via hem krijgen we slaven. Verschillende stammen voeren op dit eiland voortdurend oorlog met elkaar en maken daarbij veel krijgsgevangenen. Ze doden hen of verkopen ze als slaven. Wij doen dus goed werk, want dankzij ons blijven ze in leven', probeert Leij het geweten van de zeelieden te sussen.

Vier bemanningsleden met hun geweren in de aanslag gaan voorop, met vlak daarachter Leij. Ze lopen op een smal pad langs de rivier. De rest van de bemanningsleden volgt hen op het pad dat uiteindelijk uitkomt bij het dorp van de slavenhandelaar. Ze lopen nu eens vlak langs het water, dan weer een stukje van de rivier af door een donker woud van palmbomen, varens en bamboestruiken.

Opeens ziet Jeronimus een geelgroen diertje in een boomspleet verdwijnen.

'Wat was dat voor dier?' vraagt hij aan Wouters, die naast hem loopt.

'Waarschijnlijk een gekko, een soort hagedis', antwoordt deze.

'Hoe weet je dat?' vraagt Jeronimus.

'Twee jaar geleden was ik ook met Leij mee. Toen ben ik hier geweest. Je hebt hier dieren die ik nergens anders gezien heb.'

Opeens schiet er een zwart-wit gevlekt dier door de bomen. Jeronimus ziet nog net een dikke gestreepte staart achter een boomstam verdwijnen.

'Wat was dat?' roept de scheepsjongen.

'O, dat zijn lemuren, een soort halfapen. Die komen alleen hier op Madagaskar voor. Het zijn prachtige dieren met zwartomrande ogen en een zwarte snuit. Ze kunnen een enorm kabaal maken.'

Even verderop ziet de scheepsjongen een paar wonderlijke bomen staan met dikke stammen waaruit, aan de bovenkant, korte, kronkelige takken steken. Alsof de bomen op hun kop staan.

Voordat Jeronimus ernaar vraagt, geeft Wouters al antwoord.

'Dat is een baobab. Die bomen heb ik nog nooit ergens anders gezien, maar op dit eiland zie je ze veel. Ze hebben een sponsachtige stam. De bewoners hier gebruiken ze overal voor: ze tappen water uit de stam en gebruiken de schors als dakbedekking of als voerbak voor hun vee. Uit de vruchten halen ze olie voor het bakken en de harde schil wordt gebruikt als waterkom.'

Hij glimlacht.

'Je vraagt maar hoor, ik ben een wandelend schoolboek.'

Na een half uur bereiken ze het dorp. Bewakers in boomhutten hebben hen al van verre horen en zien aankomen. Een groepje strijders met speren in de hand komt hen op het pad tegemoet. Tegelijkertijd hoort Jeronimus bewegingen in het dichte struikgewas.

Leij spreekt de leider van het groepje toe in hun taal en vraagt om een onderhoud met het stamhoofd Ravalo. De leider gebaart hem te volgen. Vanuit het struikgewas doemen allerlei zwarte strijders op, die zich achter de groep aansluiten. De bemanningsleden worden in het dorp naar een hut gebracht.

Olof Leij loopt in gezelschap van de leider naar de hut van het stamhoofd. Zijn hut staat midden in het dorp. Het is de enige hut waarvan de muren gemaakt zijn van leem en stro en waarvan het dak bestaat uit riet. De andere hutten bestaan uit niet meer dan gevlochten twijgen met een kleine opening tussen twee boomstammetjes als deur.

Als Leij de hut van het stamhoofd nadert, ziet hij waar de deur van het fort gebleven is. De leider klopt eerst op de deur en even later komt Ravalo naar buiten.

Leij maakt een diepe buiging en spreekt een aantal begroetingen uit in het Malagasi. Ravalo nodigt hem uit binnen te komen. Ze nemen plaats op een kleurig kleed, een van de ruilartikelen waarmee Leij de slavenhandelaar de vorige keer heeft betaald.

Na de nodige plichtplegingen vraagt hij of het stamhoofd nog slaven te koop heeft. Ravalo zegt hem dat hij een paar weken daarvoor nog een partij slaven heeft verkocht, maar dat hij op dit moment geen koopwaar heeft.

'Maar daar kunnen we wel wat aan doen', grijnst hij. 'Dat hangt af van wat jij te bieden hebt.'

'Ik heb geweren, kleren, tapijten, dolken en andere voorwerpen van ijzer. Ik heb zeer goede geweren op de kop kunnen tikken.'

Ravalo knikt.

'Goed, dat is interessant. Hoeveel slaven heb je nodig?' vraagt hij.

'Ongeveer honderdvijftig', antwoordt Leij.

'Dat haal ik niet uit één dorp', zegt Ravalo. 'Dan moet ik met twee groepen op pad om twee dorpen tegelijk te overvallen. Jouw mannen zullen ook moeten helpen.'

'Wanneer heb je ze voor me?' vraagt Leij.

'We vertrekken morgenochtend in alle vroegte', stelt Ravalo voor.

'Het moet een verrassingsaanval worden. Ik ken nog wel een paar dorpjes die we niet eerder bezocht hebben.'

Hij grinnikt om zijn eigen grapje.

Leij keert terug naar de hut waar de zeelieden zijn ondergebracht, en vertelt hun wat er gaat gebeuren.

De volgende ochtend bij het krieken van de dag wordt iedereen gewekt. Ravalo en Leij verdelen de groep in tweeën. Iedere groep bestaat voor de helft uit strijders van Ravalo en bemanningsleden van *De Meermin*. De slavenhandelaar is de leider van de ene groep, zijn zoon zal de andere groep aanvoeren.

Tot de tanden gewapend met geweren, speren en dolken, verdwijnen de overvallers het struikgewas in. Na uren lopen bereiken ze heuvelachtig terrein en gaat het pad omhoog. Achter de heuvels in een klein dal liggen de twee dorpen die Ravalo op het oog heeft.

Jeronimus loopt achteraan naast de sterke Wouters bij wie hij zich veilig voelt. Leij kan wel beweren dat ze anders gedood zouden worden, maar daar gelooft hij niets van. Als andere stammen ook gevangenen maken, zullen ze zeker tegen elkaar geruild worden. Hij wil helemaal geen zwarten in hun dorp overvallen en ontvoeren. Hij houdt helemaal niet van geweld. Met afschuw denkt hij terug aan de klappen die weeshuiseigenaar Greep uitdeelde aan degenen die te weinig geld hadden verdiend. Hij begint een steeds grotere hekel aan deze hele onderneming en die doortrapte Leij te krijgen. Maar waar hij nog het meest over verbaasd is, is dat de slavenjager Ravalo zelf een zwarte is.

'Wat vind jij ervan dat we de slaven zelf gevangen moeten nemen?' vraagt Jeronimus aan Wouters.

'Dat het slecht geregeld is', zegt Wouters. 'De vorige keer stonden ze voor ons klaar in het dorp van de slavenhandelaar. We hoefden ze toen alleen maar naar het fort te brengen en vandaar met sloepen naar het schip te varen.'

'Ik bedoel dat we zelf die slaven moeten vangen? Heb jij daar geen problemen mee?'

Jeronimus begrijpt meteen dat hij de verkeerde vraag heeft gesteld. Je moet bij een zeeman niet aankomen met gewetensvragen.

'We hebben opdrachten maar uit te voeren', zegt Wouters na

40

een poosje. 'Daarvoor worden we betaald. En die zwarten zijn misschien wel beter af. Leij zegt dat ze anders toch gedood worden. Dan kun je ze maar beter kopen en verkopen.'

'Ssst', klinkt het door de groep.

Ze staan bovenop de heuvel en zien beneden in het dal op twee plaatsen rook. Tussen de bomen door zien ze een aantal hutten liggen. Daar liggen de twee dorpen.

Ze dalen af en onderaan de heuvel gaan de twee groepen ieder een kant op. Jeronimus behoort met Wouters en Voordewindt tot de groep die onder leiding staat van Ravalo.

Als ze door het dichte struikgewas het dorp naderen, horen ze stemmen. Spelende kinderen en vrouwen die zingen.

'Dat zingen zal hen spoedig vergaan', spot Voordewindt, voor wie de overval op het dorp een welkome afwisseling is van het saaie leven aan boord.

Ravalo geeft zijn strijders een teken om het dorp te omsingelen. Onder grote boomvarens door sluipen de overvallers naar de rand van het dorp. Alle hutten van het dorp staan in een cirkel rond een open plek. Hij heeft met hen afgesproken dat alle hutten tegelijkertijd bestormd worden zodat niemand kan ontsnappen. Elke zwarte strijder heeft een net bij zich om vluchtelingen te vangen.

Wanneer iedereen zijn plaats heeft ingenomen, geeft Ravalo het startsein. Hij doet het geluid van een vogel na en de overvallers stormen het dorp in. Jeronimus rent achter zijn maat aan naar de dichtstbijzijnde hut.

In het dorp breekt onmiddellijk paniek uit en sommige bewoners slagen erin weg te rennen. Maar ze worden al gauw met behulp van de netten gevangen. Er klinkt hard geschreeuw en gehuil, maar dat verstomt snel.

Ravalo heeft opdracht gegeven de gevangenen zo vlug mogelijk de mond te snoeren. De bewoners die niet in het dorp zijn, zouden anders zeker argwaan krijgen.

In de hut die een strijder en Jeronimus binnenvallen, zit een vrouw. Bij het zien van de zwarte overvaller die zijn dolk in de hand houdt, kruipt ze angstig weg in een hoek. De zwarte strijder geeft Jeronimus de opdracht haar te boeien en een prop in haar mond te stoppen. Terwijl Jeronimus zich over haar heen buigt en het touw om haar handen bindt, ziet hij de doodsangst in haar ogen. Hij maakt de touwen losjes vast om haar geen pijn te doen. Voorzichtig stopt hij een niet al te grote prop in haar mond. Dan helpt hij haar overeind en gebaart dat ze de hut moet verlaten.

De donkere overvaller duwt haar ruw voor zich uit naar het dorpsplein, waar de gevangenen worden verzameld. Jeronimus hoeft alleen maar achter hen aan te lopen. Maar op weg daarheen slaagt de vrouw erin haar handen naar haar mond te brengen en de prop uit haar mond te duwen. Ze slaakt een afgrijselijke kreet.

'Xiomara! Xiomara!' schreeuwt de vrouw.

Onmiddellijk steekt de zwarte overvaller haar in haar rug en ze zakt levenloos in elkaar. Maar haar alarmerende kreet galmt verder door het dorp en de wijde omgeving.

Woedend kijkt Ravalo zijn strijder aan. Maar het is al te laat. De dorpsbewoners die in de omgeving van het dorp op het land werken en de kreet gehoord hebben, ruiken onraad en keren niet meer terug naar het dorp. Behalve één: Xiomara.

Xiomara was voor haar moeder water gaan halen bij de rivier, die buiten het dorp door het dal stroomt. Met de emmer in haar hand keerde ze terug naar het dorp.

Ze mist het geluid van de zingende vrouwen, maar krijgt geen argwaan. Misschien is er een kind gevallen waardoor iedereen even met zingen is opgehouden. Ze staat op het punt vanuit het bos het dorp binnen te gaan als ze de hartverscheurende angstkreet van haar moeder hoort.

Terwijl ze om zich heen andere dorpsbewoners in paniek ziet wegvluchten, rent zij naar voren het dorp in, naar de hut van haar moeder. In één oogopslag ziet ze de groep geboeide mannen en vrouwen in het midden van het dorp op de grond zitten. Het volgende moment ziet ze hoe haar moeder wordt neergestoken en dood neervalt. Op dat ogenblik beseft ze dat haar dorp overvallen is en dat ze moet vluchten. Ze remt af, stopt en draait zich om om terug het bos in te rennen.

Voordewindt is de eerste die haar ziet komen en omdraaien. Hij rent haar achterna. Maar Xiomara is heel vlug en heeft een grote voorsprong. Ze holt van het pad af en verdwijnt tussen de bomen. Zigzaggend rent ze heen en weer, holt bukkend onder kleine takken door en springt behendig over omgevallen boomstammen. Maar Voordewindt is vasthoudend en wil zich niet op z'n kop laten zitten door een jong meisje van een jaar of twaalf. Als Xiomara plotseling opzij rent, blijft ze met haar voet achter een liggende tak haken. Ze struikelt en valt op de grond. Meteen springt ze overeind om haar vlucht voort te zetten. Dan voelt ze een grote hand haar linkerenkel omklemmen en ze valt met haar knie en haar hoofd tegen een boomstam.

'Je dacht me te vlug af te zijn, hè, zwartkop', roept Voordewindt. 'Maar dan ken je mij nog niet. Ik draag niet voor niets mijn naam.'

Hij pakt haar beet en trekt haar ruw overeind. Xiomara kan nauwelijks meer lopen. Ze heeft een bloedende wond aan haar knie en op haar hoofd. Maar daar trekt de zeeman zich niets van aan. Hij duwt haar vooruit, totdat ze bij de andere gevangenen zijn aangekomen. Daar valt Xiomara bewusteloos neer.

'Je hoeft haar niet vast te binden', spot Voordewindt. 'Ze kan niet meer vluchten.'

Koopman Leij roept hem tot de orde.

'Het is de bedoeling de slaven zo gezond mogelijk te houden', zegt hij streng. 'De VOC heeft niets aan gewonde slaven.'

Ravalo heeft even daarvoor de overvaller die de vrouw heeft neergestoken al flink de mantel uitgeveegd. Die dode vrouw heeft hem de nodige koopwaar gekost.

De groep gevangenen bestaat uit mannen, vrouwen en kinderen. De meeste vrouwen jammeren, de kinderen huilen, de mannen kijken zwijgend voor zich uit. Ondanks de bevelen van de overvallers om stil te zijn, blijven de vrouwen en kinderen doorgaan met hun klagelijke huilen. Zelfs klappen en stompen op hun blote bovenlijven baten niet. Als verdoofd lijken ze hun verdriet huilend uit te zingen.

Leij telt de gevangenen. Het zijn er bijna zestig. Ravalo is niet tevreden.

'We hadden er zeker tachtig kunnen hebben, als die vrouw haar mond had gehouden. Laten we hopen dat mijn zoon meer geluk heeft.'

De gevangenen worden met touwen twee aan twee aan elkaar gebonden. Na een uur komt Ravalo's zoon met de gevangenen van het andere dorp. Het zijn er tachtig.

'Honderdveertig slaven heb ik voor je', zegt Ravalo. 'Meer kan ik je niet geven. De vluchtelingen zullen alle dorpen in de omgeving intussen wel hebben gewaarschuwd. Hier valt niets meer te halen.'

Leij doet alsof het hem tegenvalt, om zo de prijs te drukken.

'Er zitten ook een paar kinderen en gewonden bij.'

'Die krijg je voor de halve prijs.'

'We brengen ze eerst naar het fort en daar onderhandelen we verder', zegt de koopman tegen Ravalo. 'Ik wil zo snel mogelijk vertrekken.'

Hij geeft een paar van zijn strijders de order alle kostbare spullen uit de hutten mee te nemen en die hutten daarna in brand te steken.

Terwijl de eerste hutten vlam vatten, trekken en schoppen de overvallers de slaven overeind en de lange stoet gevangenen komt langzaam op gang om het brandende dorp te verlaten.

Jeronimus begrijpt niet waarom er zoveel geweld en wreedheid aan te pas moet komen. Hij walgt van zichzelf dat hij deel uitmaakt van de groep slavenjagers.

'Wat doen we met haar?' vraagt Leij, wijzend op Xiomara, die nog steeds bewusteloos op de grond ligt.

'Die krijg je gratis', zegt Ravalo in een poging om de komende onderhandelingen gunstig te beïnvloeden.

'Maar ze kan niet eens lopen', werpt Leij tegen.

'Dan sleep je haar maar mee', zegt de slavenjager kortaf.

Dan stapt Jeronimus naar voren.

'Ik draag haar wel', zegt hij.

5 Slaven en souvenirs

Op de terugweg lopen de gevangen slaven in een lange rij door het dichte, vochtige oerwoud van Madagaskar. Ze zijn zo geboeid dat ontsnappen onmogelijk is: het touw loopt van de ene slaaf naar de andere, van rechtervoet naar rechtervoet, van middel naar middel en van hals naar hals.

Voor en achter de slaven lopen twee groepen strijders, die voortdurend om zich heen kijken voor mogelijke aanvallen vanuit de jungle. De gevangenen doen hetzelfde, in de hoop dat hun dorpsgenoten die gevlucht zijn een poging doen hen te bevrijden. Af en toe is er een geluid te horen in het struikgewas, maar dat blijkt altijd een vogel of een ander dier te zijn.

Jeronimus loopt achter de stoet dorpelingen met het meisje dat bewusteloos over zijn schouder hangt. Op haar hoofd zit een bloederige plek. Om haar hals draagt ze een amulet van rode ronde steentjes met in het midden de tanden van een indri, de grootste halfaap op het eiland. Hij ziet een armband met dezelfde steentjes om haar pols.

Misschien maakt de amulet haar wel beter, hoopt hij.

Van tijd tot tijd legt hij haar op zijn andere schouder. Hij mag dan veel gesjouwd hebben, de heuvel op met deze vracht is zelfs voor hem behoorlijk zwaar. Maar hij laat niets merken aan de anderen en blijft goed aansluiten, bang als hij is dat Leij hem opdracht geeft haar niet verder meer te dragen.

Hij voelt zich schuldig aan de dood van haar moeder. Was hij maar minder voorzichtig geweest. Had hij de moeder van het meisje maar steviger vastgebonden en de prop groter gemaakt, zodat ze die niet uit haar mond had kunnen duwen. Misschien had dat jonge meisje dan haar moeder niet horen gillen en was ze niet teruggekomen van de rivier.

Maar wat een hufter, die Voordewindt, wat een zwijn om dat jonge slavenmeisje zo toe te takelen! denkt hij.

Soms ziet hij lemuren tussen de takken of aan lianen, die nieuwsgierig de stoet volgen. Het valt de scheepsjongen op dat ze een oorverdovend lawaai maken. Alsof ze willen protesteren tegen het roven van deze mensen.

Tegen de avond bereiken ze het dorp van de slavenjager Ravalo. De gevangenen worden over drie grote hutten verdeeld en krijgen eten om op krachten te komen. Daar brengen ze de nacht door onder bewaking van de strijders van Ravalo. Jeronimus heeft Xiomara bij de deuropening neergelegd, waar ze meer frisse lucht krijgt dan achter in de donkere hut. Haar ogen zijn nog steeds gesloten, maar hij kan aan haar gezicht zien dat ze niet veel ouder is dan hij zelf.

Als Jeronimus wakker wordt, zijn de strijders van de slavenhandelaar al druk in de weer de slaven te verdelen over een aantal lange kano's. Tot zijn opluchting ziet Jeronimus dat Xiomara tot bewustzijn is gekomen. Hij ziet etensresten rond haar mond. Ze heeft dus ook al gegeten. Ze kijkt voortdurend verbaasd om zich heen naar haar stamgenoten en lijkt nog steeds niet te beseffen waar ze is.

Nadat alle slaven in de kano's zitten, geeft Ravalo in de voorste kano het teken om te vertrekken. In hoog tempo varen ze stroomafwaarts naar zee. Soepel manoeuvreren de stuurlieden de boten om uitstekende rotsblokken heen of langs overhangende takken.

Halverwege gebaart de slavenhandelaar de kano's naar de oever te sturen. Even verder ligt midden in de rivier een geweldig groot rotsblok, dat het water naar twee kanten opzij duwt. De stroomversnelling rechts en links van de rots ligt bezaaid met grote keien, die de doorgang verhinderen. De aan elkaar gebonden slaven moeten uit de kano's stappen en een stuk over het pad langs de oever lopen. Enkele strijders waden door de stroomversnelling terwijl ze de kano's op hun schouder dragen. Voorbij de stroomversnelling leggen ze de kano's weer in het water en ze houden ze vast om de slaven weer te laten instappen. De slaven lopen in rijen het water in om opnieuw in de kano's te stappen. De strijders van Ravalo staan in groepjes in het water bij de kano's.

Zij zullen als laatsten in de boten klimmen. Plotseling klinkt van heel dichtbij een angstaanjagend geschreeuw. Op hetzelfde moment storten drie strijders van Ravalo neer, dodelijk getroffen door pijlen. Langzaam drijven ze weg met de stroom mee, terwijl een pijl in hun rug omhoogsteekt.

Er breekt grote paniek uit. De strijders en zeelieden rennen alle kanten uit.

'Blijf staan', schreeuwt Ravalo. 'Houd de kano's vast!'

Een tweede salvo volgt en weer vallen twee slavenjagers in het water.

De slaven beginnen te joelen en te juichen. Zij worden niet geraakt. Dit moeten hun gevluchte stamgenoten zijn.

'Achter de kano's!' brult Leij. 'Verberg je achter de boten!'

Jeronimus, die al in de boot zat, springt eruit en verbergt zich achter de kano. Een derde regen van pijlen daalt op hen neer. Nu wordt slechts één overvaller getroffen.

Leij kijkt over de rand van de boot en ziet in een flits een laatste pijl uit een boom recht op zich af komen. Hij bukt razendsnel. De pijl suist vlak langs zijn hoofd en valt achter hem in het water.

'Ze zitten in die bomen daar', overschreeuwt Leij de joelende slaven. 'Daar rechts. Schiet maar in die bomen.'

'De geweren zitten nog in de kano's', roept Voordewindt luid.

'Haal ze er als de donder uit', gebiedt de koopman. 'Wie heeft gezegd dat jullie ze moesten neerleggen?'

'We waren bang dat ze nat zouden worden', werpt Voordewindt tegen.

'Haal ze eruit en geef ze door', beveelt Leij.

Voordewindt sluipt langs de zijkant van de kano naar voren en pakt één voor één de geweren uit de boot. De wapens gaan van hand tot hand. Wanneer hij het laatste geweer wil pakken dat in de andere hoek ligt, treft een pijl zijn arm. Hij slaakt een kreet van pijn en trekt zich terug.

'Laat maar', schreeuwt Leij. 'We hebben er al genoeg.'

Maar Voordewindt is eigenwijs. Hij trekt de pijl in één ruk uit zijn arm en reikt met zijn andere hand naar voren, om het laatste geweer te pakken. Opnieuw suist een pijl door de lucht, doorboort zijn hand en pint die vast aan de bodem van de boot.

'Gloeiende duivels!' schreeuwt hij het uit van de pijn.

Hij ligt half over de kano heen en is een perfect doelwit voor de boogschutters die in de bomen zitten. Met inspanning van al zijn krachten weet hij zijn hand met de pijl uit de bodem te trekken.

Een volgend salvo pijlen daalt uit de bomen neer, maar alle overvallers hebben zich intussen verschanst achter de lange kano's. De meeste pijlen belanden in het water. Jeronimus gluurt langs de achterkant van de kano naar de oever. Hij heeft gezien waar de meeste pijlen vandaan komen, maar hij houdt zijn mond...

De slaven bij de boten vormen al lang geen rij meer, maar zijn dicht op elkaar gaan staan naast de boten. Ze kunnen niet vluchten. Het touw waarmee ze aan elkaar vastgebonden zitten, wordt door een paar slavenjagers stevig vastgehouden.

Een paar tellen is het doodstil.

Dan wordt een nieuwe golf pijlen in de boten geschoten.

'Ze proberen de kano's lek te schieten', roept Ravalo naar Leij.

'Schiet in die bomen!' brult Leij.

De bemanning legt de geweerloop over de rand van de boot

schuin omhoog in de richting van de bomen. Een oorverdovend lawaai echoot tussen de oevers van de rivier en één aanvaller valt uit de bomen.

'Hebbes!' moedigt Leij zijn mannen aan. 'Geef ze niet de kans hun pijlen af te schieten. Blijf schieten!'

Een regen van kogels verdwijnt in de bomen en de ene aanvaller na de andere valt uit de takken. Dan opeens hoort Jeronimus een verschrikkelijke gil, als weer een aanvaller uit de bomen wordt geschoten.

Het is Xiomara, die zich uit de groep wil losmaken om naar de oever te lopen. Maar ze zit aan haar dorpsgenoten vast en kan niet meer dan een meter vooruitkomen. Ze schreeuwt het uit, terwijl ze haar vastgebonden handen voor haar ogen slaat. Ze heeft de amulet herkend van de uit de boom geschoten man. De amulet die zij ook heeft. De amulet met rode steentjes en de tanden van de indri. De amulet van haar vader. Woest rukt ze aan haar boeien, terwijl haar dorpsgenoten haar proberen te kalmeren.

Omdat er geen pijlen meer afgeschoten worden, klimt een groepje zeelieden met het geweer in de hand de oever op. Ze schieten in het wilde weg op de bomen, maar er valt niemand meer naar beneden.

'Hoeveel zijn het er?' vraagt Ravalo aan Leij.

'Ik tel er negen, maar misschien is de rest gevlucht toen wij begonnen te schieten.'

'Wat doen we ermee?' vraagt Leij.

'Hun stamgenoten komen ze wel ophalen', zegt Ravalo.

'We zullen dubbel moeten opletten', zegt Leij.

'Ik had dit niet verwacht', zegt de slavenhandelaar. 'Ze moeten ons vanaf gisteren zijn gevolgd.'

Hij stapt het water in om de schade aan de kano's op te nemen. Twee kano's zijn lek geschoten en maken een beetje water.

'We redden het wel tot het fort', zegt hij.

De slaven krijgen het bevel in de kano's te klimmen. De overvallers volgen. In de boot houden ze hun geweer gericht op de oever om een nieuwe verrassingsaanval te voorkomen. Naarmate ze de zee naderen, wordt de rivier breder. Ravalo geeft opdracht in het midden van de rivier te varen.

Na korte tijd ziet Jeronimus het houten fort tussen de bomen opdoemen. De strijders varen de kano's de zandige oever op en brengen de slaven binnen de omheining van het fort. Een paar overvallers bewaken het fort.

Jeronimus ziet dat de timmerman een nieuwe deur heeft gemaakt en nieuwe planken in het dak heeft aangebracht. Hij vraagt zich af hoe lang de deur op deze plaats dienst zal doen...

Voordewindt gaat vloekend in een hoek zitten en roept om verband voor zijn verwondingen.

'Het gaat je niet altijd voor de wind, Voordewindt', spot Pelsaart. Hij haalt verband uit een kist en wikkelt het om de arm en de hand van de zeeman.

'Laffe honden zijn het', tiert de gewonde zeeman.

Alsof het zo dapper is om nietsvermoedende bewoners van een dorp te overvallen, denkt Jeronimus die Voordewindt hoort schelden.

'Ik had je nog zo gezegd dat we genoeg geweren hadden', zegt Leij die even bij de gewonde zeeman komt kijken. 'Men zegt dat het verstand met de jaren komt, maar bij jou begin ik daar toch ernstig aan te twijfelen, Voordewindt.'

De zeeman kijkt stuurs voor zich uit.

Leij gebiedt een paar zeelieden de kisten met ruilwaar naar buiten te brengen. Hij maakt de kisten open en haalt er een geweer uit. Aan Ravalo laat hij zien hoe het wapen werkt.

'Je hebt zojuist gezien hoe wij de aanvallers hebben uitgeschakeld', zegt hij. 'Het is een wonderwapen waarmee je op zeer grote afstand de vijand kunt neerschieten.' Leij maakt direct gebruik van de bewondering in de ogen van de slavenverkoper.

'Je kunt hem zelfs gebruiken als speer', zegt Leij.

Hij pakt uit de kist een bajonet en schuift deze op de loop van het geweer.

'Hoeveel van die bajonetten heb je?' vraagt Ravalo.

'Ik heb ze niet voor elk geweer. Ik heb er vijfentwintig voor je.'

'Ga verder', zegt de slavenhandelaar.

'Voor elke slaaf één geweer plus die vijfentwintig bajonetten', stelt Leij voor.

'Heb je honderdveertig geweren?' vraagt de slavenverkoper.

'Nee, ik heb honderd geweren, maar ik heb ook nog andere waar', verzekert de koopman hem.

Hij opent een andere kist, waar kleren in zitten. Hij pakt er een wit overhemd uit.

Ravalo, die niet uitgelachen wil worden, roept een dorpsgenoot en beveelt hem de blouse aan te trekken. Het is een grappig gezicht, de witte blouse op de donkere huid. Het schijnt Ravalo wel aan te staan. Hij graait in de kist en begint de blouses aan al zijn strijders uit te delen.

Leij begrijpt dat de onderhandelingen gunstig verlopen. Hij loopt alvast naar de derde kist, waarin ijzeren voorwerpen zitten: dolken, bijlen en ander gereedschap.

Hij loopt naar de dichtstbijzijnde boom en begint te hakken. In een mum van tijd is de stam voor de helft uitgehakt. Dan geeft hij twee zeelieden de opdracht een touw zo hoog mogelijk om de stam heen te binden en daarna te trekken. Na een korte krachtsinspanning valt de boom om.

Leij geeft de zware bijl aan Ravalo.

'Je hebt gezien hoe snel ik de boom geveld heb. Voor de overige slaven krijg je per stuk een dolk met een blouse of een ijzeren bijl met een blouse', doet Leij het voorstel. 'Ook voor de gewonde slaven.'

Ravalo denkt na. Hij wil eigenlijk allebei, maar hij vermoedt dat hij dat niet voor elkaar kan krijgen. Bovendien zitten er zeker een stuk of tien zieke en gewonde slaven bij, ook al heeft hij dat meisje gratis geschonken. En wat moet hij met hen als Leij die niet wil meenemen?

'Ik wil per slaaf alle drie', oppert hij. 'Een bijl, een dolk en een blouse. Dan krijg jij van mij nog vijftig assegaaien en twee kano's.'

Hij toont de koopman zijn fraai bewerkte speer, waar Leij al eerder bewonderend naar heeft gekeken.

'Ik schenk je mijn eigen assegaai.'

Leij denkt na. Misschien zit er wel handel in die speren met dat mooie houtsnijwerk. Op De Kaap lopen genoeg hoge heren rond, die een souvenir willen meenemen wanneer ze naar hun moederland in Europa terugkeren. En die al even mooi bewerkte kano's kan hij waarschijnlijk ook goed verkopen.

'Goed. Als je mij proviand levert voor de terugreis, heb ik nog een kist met flessen rum voor je.'

'Afgesproken', zegt de slavenjager.

'Afgesproken', besluit Leij de koop.

Ravalo geeft zijn strijders de opdracht de kisten naar de kano's te dragen en daar in te laden. Andere strijders geeft hij de opdracht zo snel mogelijk vijftig assegaaien en proviand uit het dorp te halen.

Leij beveelt intussen de eerste groep gevangenen uit het fort te halen en naar de sloepen te brengen. Hij wil, met het oog op een eventuele nieuwe aanval, zo snel mogelijk de slaven aan boord van *De Meermin* hebben. De matrozen zetten de slaven in groepjes van twintig in de sloepen en varen hen naar het schip. Dan keren ze terug om de volgende groep te halen.

Jeronimus zorgt ervoor dat hij dicht in de buurt van Xiomara blijft. Als een van de laatste gevangenen loopt ze door het water naar de sloep. Ze kijkt hem met grote ogen aan, wanneer hij haar optilt. Ze verkeert opnieuw in een shock. Ze huilt niet eens meer en heeft een verdwaasde blik in haar ogen. Tussen haar haren ziet hij een bult en opgedroogd bloed. Met zijn vingers raakt hij zachtjes die plek aan. Met een gepijnigde blik trekt ze haar hoofd terug. Hij zet haar voorzichtig in de sloep tussen de andere slaven.

'Hé, dokter, kom hier maar roeien!' beveelt Voordewindt aan de scheepsjongen. 'Die wond geneest vanzelf wel. Die zwarten zijn zo taai als wat. Je kunt beter mij genezen.'

Dat is wel het laatste wat Jeronimus in gedachten heeft.

De sloepen meren af naast *De Meermin*. De slaven beseffen nu voor het eerst dat ze over zee worden weggevoerd en hun vaderland waarschijnlijk nooit meer zullen terugzien. Huilend en jammerend klimmen ze één voor één de touwladder op.

Als ze met hun hoofd boven het dek uit komen, worden ze door twee matrozen onder hun oksels beetgepakt en op het dek getrokken. Dat gebeurt niet zachtzinnig.

De laatste sloep haalt de vijftig speren, vers water, vis en fruit op.

Wanneer Leij ziet dat een van de slaven op het dek wordt gegooid en daarbij een bloedneus oploopt, wordt hij kwaad.

'Hoho, rustig aan met die slaven. Aan kneuzingen en verwondingen hebben we niets. We moeten ze heelhuids op De Kaap afleveren.'

Terwijl de laatste slaven langs de touwladder omhoogklimmen, neemt Leij op de voorplecht zwaaiend afscheid van Ravalo en zijn slavenjagers, die op het strand trots hun witte blouse dragen en de eerste flessen rum al hebben leeggedronken.

Een paar matrozen hijsen de laatste sloep op het schip en het anker wordt gelicht. Op 20 januari 1766 vaart *De Meermin* in zuidwestelijke richting terug naar De Kaap.

In zeven rijen staan de slaven op het dek, nog steeds aan elkaar vastgebonden.

'Jullie worden eerst gewassen voordat jullie naar het ruim gaan', vertelt Leij hun.

De voorste rij schuift langs een paar zeelieden, die ze van onder tot boven met zeewater schoonboenen. De meeste slaven dragen alleen een lendendoek. Na de wasbeurt dalen ze één voor één de trap af naar het ruim.

54

Jeronimus staat in het ruim met een aantal andere zeelieden om de gevangenen op te vangen. Op de plaats waar elke gevangene moet zitten, ligt een dunne stromatras.

De slaven worden op de matrassen zij aan zij naast elkaar gezet. Daarna worden de ketenen, die op de bodem zijn vastgeklonken, om hun enkels en polsen gesloten. Ten slotte wordt een lange ketting, die alle slaven met elkaar verbindt, aan twee haken aan weerszijden van het ruim vastgemaakt.

Jeronimus wacht het juiste moment af om Xiomara vast te pakken en haar aan het eind van een rij te zetten. Dat heeft als voordeel dat ze aan één kant meer ruimte heeft om te liggen en ze niet aan twee kanten vastgebonden is aan een andere slaaf. Terwijl hij haar voorzichtig laat zitten, ziet hij voor het eerst het peilloze verdriet in haar ogen. Jeronimus hoopt dat ze zijn gebaar van goede wil begrijpt. Als alle slaven in het ruim zijn vastgemaakt, is er nauwelijks ruimte meer over. Ze zitten op elkaar als haringen in een ton.

Langzaam dringt het tot Xiomara door wat er is gebeurd en komen de chaotische beelden van de afgelopen dagen in de goede volgorde te staan: de kreet van haar moeder, witte mensen, de geboeide dorpsgenoten op het plein, haar neergestoken moeder, haar mislukte vluchtpoging, de brandende hutten, de lange tocht door de jungle, het vervoer in kano's over de rivier, de aanval van haar dorpsgenoten, de dood van haar vader en het transport naar de duistere ruimte onder in het schip waar ze in de boeien is geslagen. Maar ze kan er nog steeds met haar verstand niet bij dat mensen zo harteloos en wreed kunnen zijn. Zonder dat zij en haar dorpsgenoten hen ook maar iets hebben misdaan. Die gedachte doet haar meer pijn dan de wond op haar hoofd.

Er is nu veel meer werk te doen op het schip. Naast de vertrouwde klusjes, zoals het schrobben van het dek en het helpen van de scheepstimmerman, wordt Jeronimus ook ingezet bij de verzorging van de slaven. Twee keer per dag deelt hij in het ruim voedsel uit. De meeste slaven zitten de hele dag door wezenloos voor zich uit te staren, met hun knieën stijf tegen hun borst geklemd. Alsof ze nog steeds niet kunnen geloven wat er is gebeurd. Als ze gaan eten moet de scheepsjongen ze aanstoten, zodat ze met hun handen een kom vormen waarin de rijst kan worden geschept. Hij geeft hun meer rijst dan de andere zeelieden doen. Die scheppen het eten ruw in de opengevouwen handen om zo snel mogelijk de benauwde, stinkende ruimte te kunnen verlaten.

Op De Kaap was nooit tot hem doorgedrongen hoe de slaven daar waren gekomen. Hij had wel eens gehoord dat ze uit het binnenland werden gehaald. Maar dat ze uit een vreemd land werden geroofd en onder zulke verschrikkelijke omstandigheden werden vervoerd, had hij nooit geweten.

Om de vier dagen mogen de slaven in kleine groepen luchten. De kettingen worden losgemaakt en onder bewaking van een aantal zeelieden klimmen ze naar het bovendek. Daar wachten andere matrozen met hun geweren de slaven op.

'Allemaal uitkleden!' beveelt Leij. 'Jullie moeten gewassen worden.'

Naakt lopen ze langs een ton waaruit een matroos een emmer zeewater schept en deze over hen heen gooit. Nog nadruipend keren ze in het ruim terug waar ze weer vastgeketend worden.

Een keer per dag krijgt Jeronimus de opdracht de emmers uit het ruim op te halen waarin de slaven hun behoefte doen. Dat vindt hij het smerigste werk dat er is. Maar omdat hij het galjoen ook al schoonmaakt, is hij wel wat gewend.

Wanneer hij de emmer pakt die in de buurt van Xiomara staat, vangt hij haar blik op. Ze glimlacht naar hem. Voor het eerst. En hij glimlacht terug. Xiomara heeft van een dorpsgenoot gehoord wat er met haar is gebeurd en dat die blonde zeeman haar door het woud heeft gedragen en zo goed mogelijk voor haar heeft gezorgd. Ze vraagt zich af waaraan ze deze bijzondere behandeling te danken heeft. Jeronimus ziet verwondering in haar ogen. Niet de blik van haat die hij bij bijna alle gevangenen waarneemt. Ze heeft mooie grote ogen, een gave donkere huid en korte, zwarte krullen.

Dan ziet hij dat haar enkel bloedt. Hij loopt naar haar toe en ziet dat er een scherpe rand aan de ketting zit. Hij scheurt een stuk van zijn blouse af en stopt die tussen het ijzer en haar enkel.

'Ik breng zo dadelijk een vijl mee om die scherpe rand weg te halen', zegt hij tegen haar, ook al weet hij dat ze hem niet verstaat.

Hij vraagt toestemming aan Leij om het ijzer te vijlen. Eerst kijkt de koopman hem verbaasd aan. Maar als hij benadrukt dat het al een stuk beter gaat met de gezondheid van het slavenmeisje, keurt Leij het goed. Uit de gereedschapskist van Pelsaart haalt hij een vijl en keert terug in het donkere ruim. Elke keer weer moet hij wennen aan de ondraaglijke stank die er heerst.

'Ik ga de scherpe rand wegvijlen', zegt hij tegen Xiomara, terwijl hij de ronde ketting oplicht om er beter bij te kunnen.

Hij duwt de ketting opzij, zodat hij bij het vijlen niet haar been kan raken. Het jonge slavenmeisje kijkt in de blauwe ogen van Jeronimus, die haar doen denken aan een meer niet ver van haar geboortedorp. Als de rand is afgevijld, pakt hij Xiomara's hand. Hij legt die op het ijzer zodat ze kan voelen dat de scherpte verdwenen is. Hij draait de lap stof om, vouwt die nog een paar keer dubbel en bindt die opnieuw tussen de ketting en haar enkel.

'Zo, nu kan de wond genezen', zegt hij, terwijl hij opstaat.

In haar droevige blik bespeurt hij een glimp van dankbaarheid.

Wat ziet ze er verdrietig en mooi uit, denkt hij, terwijl hij het ruim verlaat.

De dagen daarna geeft hij haar extra veel rijst, om aan te sterken. Tot zijn vreugde ziet hij de bult op haar hoofd en de wonden aan haar knie en enkel goed genezen.

Wanneer hij een dag later de emmers ophaalt, hoort hij in het midden van het ruim een vrouw kreunen. Hij loopt naar haar toe en ziet dat ze op het punt staat een kind te krijgen. Jeronimus holt de trap op naar het dek en waarschuwt Leij en de scheepsarts.

'Probeer in ieder geval de vrouw te redden', zegt Leij tegen de arts. 'Dat kind is alleen maar een extra mond.'

'Wat een schoft', flitst door het hoofd van Jeronimus.

Met die opdracht daalt de arts af in het ruim. In het ruim bindt hij een doek om zijn neus tegen de misselijkmakende stank. De aanstaande moeder kermt van de pijn en hij doet wat hij kan om het kind snel geboren te laten worden. Hij kijkt om zich heen of hij iets kan vinden om het kind in te wikkelen.

'Neem dit maar, ik heb nog wel een ander', zegt Jeronimus en trekt zijn overhemd uit.

Daarna geeft de arts het kind aan de moeder, die de pijn van het bevallen al vergeten is en het kind in haar geboeide armen wiegt.

6 Overleden zonder afscheid

Maar de blijdschap van de moeder is van korte duur. De moeder van de baby wordt ziek. Een andere vrouw neemt na een paar dagen de pasgeborene van de moeder over om het kind melk te geven. De moeder kan die kracht niet meer opbrengen. Ze heeft hoge koorts en weigert te eten. De dokter wordt erbij gehaald en deze gaat over tot verschillende aderlatingen, maar die verzwakken haar nog meer.

Wanneer de scheepsarts een paar dagen later de trap in het ruim afgaat, hoort hij een zacht gezang. Een zacht droevig lied gezongen door alle slaven. De moeder van de pasgeboren baby ligt met gesloten ogen languit op haar matras. De slaven hebben de hele nacht voor haar gezongen en haar zingend over de dood heen gewiegd. De vrouw is die nacht gestorven.

'Haal haar onmiddellijk uit het ruim', gebiedt Leij. 'We moeten vermijden dat de ziekte zich onder de slaven verspreidt.'

'Ze is gestorven aan de geboorte van haar kind', zegt de scheepsarts. 'Dat is geen besmettelijke ziekte.'

'Kan me niet schelen', zegt Leij bot. 'Dit kost me alleen maar geld.' 'Haal haar uit het ruim', zegt hij tegen Wouters en Jeronimus.

De twee zeelieden maken de boeien los, waaraan de dode vrouw nog steeds vastzat. Ze pakken de stromatras met de overleden vrouw op en dragen haar tussen de andere slaven door naar de trap. De slaven begeleiden de overledene met hun droevige gezang dat zo oud is als de zee waarop ze varen.

Op het moment dat de matrozen het dode lichaam de trap optillen, wordt het opeens stil en klinkt er vanuit het ruim een krachtige stem. Het is een jonge slaaf en nadat hij gesproken heeft, volgt er een instemmend gemompel van de andere slaven.

Jeronimus en Wouters stoppen even met het sjouwen van de overledene en kijken om zich heen het ruim in. Tientallen ogen zijn vanuit de duisternis strak op hen gericht. De slaaf herhaalt met een indringende stem wat hij eerder heeft gezegd.

De twee zeelieden kijken elkaar aan.

'Wat zullen ze bedoelen?' vraagt Wouters.

'Hou jij haar vast. Dan loop ik naar Leij', zegt Jeronimus.

Wanneer Leij op de trap verschijnt, herhaalt de jonge slaaf opnieuw zijn woorden.

'Ze willen afscheid nemen van de vrouw volgens de gewoonte van hun stam', zegt hij tegen de zeelieden. 'Ik heb dat een keer in zo'n dorp meegemaakt. Dat is een ceremonie van een paar uur. Ze bidden en zingen en laten het lichaam boven hun hoofden van hand tot hand gaan, zodat ieder persoonlijk afscheid kan nemen van de overledene. Daar beginnen we niet aan. We zijn al meer dan een uur bezig om al die kettingen los te maken en ze in rijen naar het dek te brengen.'

'Dan kunnen ze wel meteen luchten', zegt Jeronimus in een poging hem te overtuigen.

'Dat hebben we gisteren nog gedaan', zegt de koopman. 'Het blijft geen kermis.'

Hij geeft het jonge dorpshoofd, die Massavana heet, te verstaan dat de begrafenisceremonie niet kan plaatsvinden. Zonder zijn verdere reactie af te wachten, draait hij zich om en verlaat het ruim.

Wouters en Jeronimus pakken de vrouw weer op en dragen haar naar het dek. Daar wikkelen ze haar in een stuk zeildoek, verzwaren haar met een steen en laten haar van een plank af over boord in zee glijden. Jeronimus wendt zijn hoofd af, terwijl de langwerpige zak in het water valt.

De slaven in het ruim hebben in stilte de plons afgewacht

en zetten direct daarna hun lied voort. Daarin vragen ze hun voorvaderen de vrouw als geest in hun geestenrijk op te nemen, zodat ze de levenden kan beschermen. Ten slotte zingen ze in het donker zachtjes het laatste lied waarmee ze al eeuwenlang van iedere overledene afscheid nemen: '*Ik ben de reden waarom mijn voorouders bestaan.*'

Bij het verdelen van de rijst merkt Jeronimus dat de slaven het eten voor zich op de grond laten vallen. Hij weet niet dat er op deze dag van rouw niet mag worden gegeten, als eerbewijs aan de dode die nooit meer zal eten.

Sommige zeelieden worden kwaad als de slaven hun voedsel uit hun handen laten vallen. Ze slaan de gevangenen en dwingen ze de rijst op te rapen. Jeronimus legt vanaf de tweede rij een schepje rijst voor hen op de grond.

Leij komt kijken en Massavana legt uit wat er aan de hand is.

'Leg de rijst op de vloer', beveelt hij. 'Ze eten het morgenochtend op. Dat scheelt weer een maaltijd.'

Maar het blijft niet bij de dood van die ene vrouw. Door het gebrek aan hygiëne, de hitte in het ruim en het bedorven eten verzwakken de slaven meer en meer. Een week na de dood van de vrouw sterft de baby en worden twee slaven ziek. Ze hebben hoge koorts, ijlen voortdurend waarbij hun ogen wegdraaien, en maken stuiptrekkende bewegingen. Na een dag of drie overlijden ze.

De zeelieden wikkelen de overleden slaven zonder enig respect in hun stromatrassen en nemen ze mee. Opnieuw doet de jonge slaaf Massavana het verzoek om op gepaste wijze afscheid van de doden te kunnen nemen.

Leij weigert opnieuw. Hij wordt met de dag chagrijniger.

'Zie je wel', zegt kapitein Muller tegen Leij. 'Ze zijn zo week als meloenen. Die Ravalo heeft jou slechte waar verkocht.'

De lijken worden direct overboord gegooid, om verdere besmetting te voorkomen.

In het ruim zoekt de jonge slaaf Massavana oogcontact met een andere slaaf, Roesaaij genaamd. Hij is de leider van de slaven die in het andere dorp overvallen zijn. Samen zetten ze een lied in, waarin ze de hulp vragen van hun voorouders.

Onder het aanhoudende gezang denkt Xiomara aan haar moeder Lalalilu en haar vader Rondobe, die haar altijd verwenden omdat zij hun enige kind was. In de roes van het zingen vliegt ze als een zwaluw uit het ruim de lucht in, om terug te keren naar haar dorp. Daar nestelt ze zich opnieuw in de schommelende rugzak van haar moeder die, voorovergebogen, de akker bewerkt. Even later stapt ze door het oerwoud in de grote voetafdrukken van haar vader, die haar uitlegt hoe je een val opzet of een schuilplaats maakt van takken en palmbladeren. Ze speelt met haar vriendjes en vriendinnetjes op de stoffige grond van het dorpsplein en ziet haar moeder voor de hut eten koken en haar vader thuiskomen na een dag jagen. Ze proeft de kokosmelk in haar mond en snuift de frisse geur van de avondlucht op die tussen de palmbomen hangt.

Wanneer het lied stopt, komt er ook een abrupt einde aan haar dagdroom en dringt de werkelijkheid van dat moment weer tot haar door: haar beide ouders vermoord, haar dorp verbrand, haar stamgenoten in de ketenen, het zweterige ruim, de duisternis, haar tranen en haar zwarte eenzaamheid...

Het lijkt wel of de smeekbeden van de slaven gedeeltelijk worden verhoord: als straf volgt er een week van windstilte, waardoor het schip bijna stil komt te liggen. Het voedsel gaat opnieuw op rantsoen. De bemanning moet het doen met uitgedroogde groente en bedorven water.

De meesten spoelen het water zo snel mogelijk door met een flinke slok wijn. De stemming wordt er niet beter op. Om hun onvrede een uitweg te geven slaan de bewakers in het slavenruim er flink op los. Vooral Voordewindt pakt iedere kans aan om de slaven af te tuigen.

'Ze geven die zwarten nog beter te eten dan ons', moppert hij voortdurend. 'Wij zijn nog minder waard dan koopwaar.'

Als een van de slaven door de verwondingen van Voordewindt overlijdt, worden de twee slavenleiders razend van woede. Op fluistertoon laten ze hun stamgenoten weten dat ze elke gelegenheid zullen aangrijpen om in opstand te komen tegen hun vijanden. Ze zweren wraak voor de hardhandige wijze waarop de bemanningsleden met hen omgaan en de verachtelijke manier waarop ze hun gestorven stamgenoten hebben behandeld.

De diepe haat in de blik van de twee slavenleiders valt Jeronimus op bij het uitdelen van het eten.

Tot overmaat van ramp wordt kapitein Muller, die verantwoordelijk is voor orde en discipline aan boord, ernstig ziek.

De dokter constateert hoge koorts bij de schipper, die hele dagen in bed ligt en zijn kajuit niet verlaat.

Koopman Leij maakt handig van de gelegenheid gebruik het gezag van de schipper voor orde en discipline over te nemen. Nadat weer een slaaf aan ziekte is bezweken, geeft hij de opdracht de slaven elke dag te luchten, om niet nog meer koopwaar te verliezen.

Ondanks het gemopper van de bemanning, voor wie het luchten van de slaven een extra taak is, zet Leij zijn plan door. In lange rijen worden de gevangenen 's morgens via de smalle trap naar het dek gebracht. De slaven knipperen met hun ogen wanneer ze in het felle zonlicht op het dek verschijnen. Een aantal zeelieden gooit hen met emmers zeewater kletsnat.

'We moeten die zwarten zo fit mogelijk houden', verklaart Leij zijn handelwijze. 'Anders houden we er niet één over.'

Een van de matrozen begint op zijn fluit te spelen en spoort de slaven aan te gaan dansen.

'Dat is een goed idee', zegt Leij. 'We moeten ze laten dansen. Dat is goed voor hun conditie.'

Hij geeft zelf het voorbeeld en maakt een paar houterige danspassen. Niemand van de slaven maakt aanstalten zijn voorbeeld te volgen.

'Zei ik het niet', zegt Voordewindt, 'die zwarten deugen nergens voor.'

'Ik heb het je anders niet eerder horen zeggen', zegt Pelsaart met een knipoog naar Jeronimus.

Voordewindt kijkt hem verbaasd aan. Hij heeft niet eens in de gaten dat Pelsaart hem weer eens voor de gek houdt.

Dan wordt Leij kwaad en schreeuwt in het Malagasi dat ze moeten dansen. De slaven kijken naar hun leider Massavana.

Leij stapt op de slavenleider toe, geeft hem een duw en bijt hem toe.

'Ik wil dat jullie gaan dansen.'

Massavana beweegt niet, hoe Leij ook tekeergaat. De spanning neemt toe. Steeds meer zeelieden komen kijken wat er aan de hand is.

'Nu!' brult Leij tegen Massavana. 'Of ik laat je overboord gooien.'

Een paar tellen is het doodstil. Het enige wat je hoort is het klappen van de touwen tegen de mast. De twee leiders staan zwijgend tegenover elkaar. De woede straalt uit hun ogen. Ze kijken elkaar strak aan.

De koopman beseft dat zijn gezag op het spel staat, als de slaven massaal weigeren te dansen. De bemanning staat aan de reling af te wachten wat er gaat gebeuren.

Jeronimus, die bezig was met het herstellen van een stuk zeil, komt ook aanlopen. Hij ziet de twee kemphanen tegenover elkaar staan en kijkt gespannen toe hoe dit zal aflopen. Hij gelooft niet dat Leij de slavenleider in zee zal gooien. Hij is veel te zuinig om nog meer slaven te verliezen. Maar weet de slavenleider dat ook? En durft hij om die reden zijn bevel te negeren?

Massavana beseft dat de koopman hoog spel speelt. In zijn ogen ziet hij dat de koopman zijn dreigement zal uitvoeren. Hij is geketend en machteloos. Het lijkt hem verstandiger in te binden en de koopman te gehoorzamen. Wie weet wat dat nog voor voordelen kan opleveren? Wie weet komt er gauw een kans om te ontsnappen?

Hij doet een paar danspassen en de anderen volgen zijn voorbeeld.

'Goed zo!' roept Leij uit, opgelucht dat zijn gezag aanvaard wordt.

Het is een droevig gezicht de slaven met hun rammelende kettingen te zien dansen op de valse tonen van de fluitmuziek.

Terwijl de slaven met hun voeten op het dek stampen, maakt een aantal zeelieden het lege ruim schoon. Met een mengsel van zeewater en azijn boenen ze de planken, om de verschrikkelijke stank van zweet, ontlasting en braaksel te verwijderen.

Jeronimus is blij dat hij deze keer hoort bij de groep die de slaven mag schoonspoelen.

7 Een onvergeeflijke fout

'Waarom laten we ze zelf hun vuil niet opruimen?' oppert Voordewindt op een dag tegen Leij wanneer hij klaar is met zijn schoonmaakwerk in het ruim van de slaven. 'Ze maken het zelf smerig. Laten ze hun eigen rotzooi dan ook maar opruimen. Wij komen nergens meer aan toe.'

'En handig voor jou', zegt Pelsaart met een knipoog naar Jeronimus.

Ze zijn bezig met het inzetten van een nieuw stuk hout op het dek en luisteren naar het gesprek tussen Voordewindt en Leij. De koopman denkt na. Hij vindt het nog niet zo'n slecht idee. De bemanning moet steeds meer werk laten liggen, want met het luchten en het wassen van de slaven en het schoonboenen van het ruim gaan veel uren verloren.

'Het ruim van de slaven ziet er schoner uit dan onze slaapruimte', doet Voordewindt er nog een schepje bovenop.

'Dat komt natuurlijk ook omdat jij zo'n geweldig goede schoonmaker bent', grapt Pelsaart.

Voordewindt kijkt hem met een vuile blik aan.

'Ik zal het er met de schipper over hebben', zegt Leij.

Muller ligt al dagenlang met koorts op bed. Hij heeft griep en is zo zwak dat hij zijn kajuit nog steeds niet kan verlaten. Leij gaat dagelijks een paar keer naar de kapitein om zogenaamd overleg te plegen over de gang van zaken aan boord. Maar hij luistert nauwelijks naar de adviezen van de schipper. Hij voelt zich al dagen de baas op het schip. Wanneer hij een voorstel doet waar Muller het niet mee eens is, dan valt hij hem voortdurend in de rede. Net zo lang tot de kapitein, moe van de argumenten, zich laat overtuigen.

Wanneer hij de kapiteinshut binnenstapt, ziet hij dat Muller nog ligt te slapen. Hij pakt een stoel en schuift deze naast het bed. Dan port hij de kapitein wakker.

'Wat vind je van het idee de slaven het ruim zelf te laten schoonmaken?' stelt Leij voor.

'Eh, wat bedoel je?' vraagt Muller, die ruw uit zijn slaap wordt gewekt.

'We laten de slaven het ruim zelf schoonmaken.'

'Maar dan moeten ze...', zegt de schipper met verzwakte stem.

'Ze zitten in tien lange rijen vast aan de kettingen', zegt Leij. 'We maken ze rij voor rij los. Niet allemaal tegelijk natuurlijk.'

'Ik zou het...'

'En natuurlijk houden we de slaven voortdurend met een paar bewakers onder schot.'

'Ik zou het...'

'Er kan niets gebeuren. Ze zijn te zwak om iets te proberen.'

'Vooruit dan maar', zegt Muller om van het gezeur van de koopman af te zijn.

'Mooi. Dat is dan geregeld', zegt Leij, terwijl hij opstaat. 'Ik ga er vandaag mee beginnen.'

Op het dek legt hij aan de zeelieden uit hoe hij het wil aanpakken.

Voordewindt staat erbij te glunderen.

'Het is eigenlijk mijn idee', zegt hij.

Maar niemand gelooft hem. Zijn botte houding heeft immers nog nooit een goed idee opgeleverd.

'We maken zo dadelijk de voorste rij slaven los van de kettingen', beveelt Leij. 'Twee bewakers met het geweer in de aanslag houden hen in het ruim in de gaten. We geven ze emmers met azijn en zeewater, zodat ze zelf hun deel van het ruim kunnen schoonboenen. Drie bewakers staan klaar op het dek. Daar kunnen de slaven hun emmers vuil in zee gooien. Ze kunnen zelf nieuwe emmers water uit zee scheppen, waarmee ze zich kunnen wassen. We laten ze op het dek drogen en brengen ze daarna terug naar het ruim, dat intussen ook opgedroogd zal zijn. Dan leggen we die rij slaven weer vast aan de kettingen en maken de volgende rij los.'

Beneden in het ruim legt Leij aan de slaven uit wat hij van plan is.

Wanneer hij terugkeert naar het bovendek voeren de slaven-leiders Massavana en Roesaaij snel overleg. Via hun fluister-brieven zijn alle slaven binnen een mum van tijd op de hoogte van wat ze moeten doen: gehoorzamen, in alle opzichten mee-werken om het vertrouwen te winnen van de koopman en de bemanning.

Jeronimus en andere bemanningsleden maken de slaven rij voor rij los. Het is voor het eerst sinds ze in hun dorp overval-len werden, dat de slaven zich vrij kunnen bewegen zonder vast te zitten aan een ander. Sommige slaven blijven zich, voetje voor voetje, voortbewegen alsof ze nog vastzitten. Voordewindt lacht ze vierkant in hun gezicht uit, om hun stuntelige lopen. Af en toe geeft hij ze onverwachts een duw.

'Doorlopen! We hebben geen dagen de tijd', blaft hij hen toe.

Als de rij van Xiomara aan de beurt is, maakt Jeronimus voorzichtig de sloten rond haar polsen en enkels los. De strie-men van de sloten zitten diep in haar huid.

'Zo, nu kun je je in ieder geval wat vrijer bewegen', zegt hij zacht tegen haar.

Xiomara kijkt hem niet begrijpend aan. Ze pakt een emmer aan en begint de vloer in haar omgeving schoon te maken. Ze maakt onhandige bewegingen, omdat ze niet meer gewend is haar armen en benen te strekken. Ze valt bijna om, maar dan voelt ze een hand in haar zij die haar ondersteunt.

Jeronimus ziet hoe mager ze is geworden. Hij kan haar rib-ben tellen. Zijn extra porties voedsel hebben haar niet veel ge-holpen.

Leij kijkt tevreden toe. Hij is trots op zijn idee. Hij wil liever vergeten dat Voordewindt met het voorstel kwam.

'Het scheelt veel werk', zegt hij tegen Pelsaart en Wouters, die naast hem staan.

'En wat voor werk', zegt Pelsaart, als hij de slaven de toiletemmers in zee ziet legen.

'Bovendien is het heel goed dat ze meer beweging krijgen.'

Hij heeft gezien hoe de slaven na hun eerste onhandige bewegingen al wat gemakkelijker lopen. Vooral de jonge slaven passen zich snel aan de nieuwe omstandigheden aan.

'Waarom hebben jullie die kinderen eigenlijk meegenomen?' vraagt Wouters aan de koopman, terwijl hij wijst naar Xiomara, die zich aan het wassen is.

'Kinderen kunnen al goed werken. Ik hoef er weinig voor te betalen en ik krijg er toch een goede prijs voor.'

Wouters kijkt hem een beetje verbaasd aan.

'Ze zijn niet zo sterk als een volwassen slaaf, maar ze gaan wel langer mee', voegt Leij er met een grijns aan toe.

Vol trots vertelt Leij na een paar dagen aan de kapitein dat zijn plan een groot succes is.

'De slaven zien er een stuk gezonder uit. Er zijn al een week geen zieke slaven meer.'

'En onze eigen bemanning moppert ook minder', voegt hij er lachend aan toe.

Muller knikt en kijkt door het raam naar de lucht.

'Hoe staat het met de wind?' vraagt hij.

'Het begint iets meer te waaien, maar we schieten nog steeds nauwelijks op.'

Zijn plan is zo'n succes dat Leij besluit de slaven in groepjes andere smerige klussen op het schip te laten doen. Tot groot genoegen van de bemanning, die liever afziet van dat soort werk.

Een aantal mannelijke slaven wordt ingezet om het dek schoon te schrobben, de slaapruimtes van de zeelieden op te frissen en de toiletemmers te legen. Hun leiders Massavana en Roesaaij hebben hen dringend verzocht de klussen zonder enig protest uit te voeren.

'Dan komen onze kansen vanzelf', legt hij hun 's avonds in het ruim uit.

De slaven krijgen met de dag meer vrijheid. Ze mogen zich vrij op het dek bewegen, hoewel drie bewakers ze de hele tijd, met hun rug tegen de reling en een geweer in de hand, in de gaten houden.

Op een dag hoort Xiomara tot de groep die het dek moet boenen. Jeronimus, die in de hoek van het dek bezig is met het vastzetten van een paar losgeraakte touwen, houdt haar in de gaten. Hij ziet dat ze wankel op haar benen staat door de deinende beweging van het schip. Wanneer een golf het schip onverwachts doet schudden, verliest de jonge slavin haar evenwicht. Ze valt op de gladde vloer. Het schip helt opzij en Xiomara glijdt snel weg over het glibberige oppervlak van het dek. Ze dreigt met haar hoofd tegen de mast te botsen. Jeronimus hoort haar gillen en ziet haar over het dek wegglijden. Vliegensvlug springt hij overeind en duikt naar voren. Hij grijpt haar bij haar benen vlak voordat ze met haar hoofd tegen de mast zou slaan. Langzaam trekt hij haar terug en zet haar overeind.

Xiomara trilt over haar hele lichaam.

'Dank je wel', zegt ze in het Malagasi, maar Jeronimus heeft het begrepen.

'Goed gedaan, Jeronimus', zegt Voordewindt grijnzend, die gezien heeft hoe de scheepsjongen het slavenmeisje redde. 'Dat scheelt weer een fiks bedrag aan handelswaar.'

'Dat had ik met jou niet gedaan', bijt Jeronimus hem toe, terwijl hij naar zijn plek terugkeert.

Omdat alles vlekkeloos verloopt, wil koopman Leij de bemanning belonen. Om de paar dagen laat hij 's avonds de mooiste slavinnen losmaken, die op het dek voor de bemanning moeten dansen op muziek van de fluitspeler. Terwijl de bemanning

70

zich te buiten gaat aan rum, en af en toe houterig mee probeert te dansen, dansen Xiomara en andere slavinnen in het maanlicht op het dek voor de dronken zeelieden.

Jeronimus houdt er een dubbel gevoel aan over. Hij geniet van de gracieuze dansbewegingen van de slavinnen, maar schaamt zich voor de schunnige opmerkingen van een aantal zeelieden. Wanneer Voordewindt op luide toon kenbaar maakt dat Xiomara hem wel aanstaat, moet Jeronimus zich inhouden om hem niet aan te vliegen.

Terwijl de meisjes de aangeschoten zeelieden op het dek vermaken, neemt de woede onder de slaven in het ruim toe. Sommige slaven zijn razend dat hun eigen vrouwen gedwongen worden voor de bemanning op te treden. Het vuur spat bijna uit hun ogen als ze zien hoe de bewakers hun vrouwen betasten, terwijl ze de trap oplopen naar het dek.

'De eerstvolgende keer gooi ik de man die mijn vrouw aanraakt overboord', zegt een slaaf.

'Wacht daar nog even mee', sust Massavana. 'Het gaat de goede kant op. We krijgen steeds meer vrijheid. We kunnen zelfs vrij rondlopen op het dek.'

'Weet jij wat ze boven allemaal uitspoken?' roept diezelfde slaaf uit.

Ze praten steeds luider om boven de muziek en het stampen van voeten op het dek uit te komen.

'Zo lang ze alleen maar hoeven te dansen, valt het nog wel mee', ondersteunt Roesaaij de woorden van Massavana. 'We moeten geduld hebben. Het moment dat we in opstand kunnen komen, is niet ver meer. We zijn niet vergeten hoe ze onze gesneuvelde dorpsgenoten op de oever van de rivier hebben achtergelaten en hoe ze onze doden zonder enige eerbied in zee hebben geworpen.'

Hij kijkt de opstandige slaaf diep in de ogen.

'En we zullen ook niet vergeten hoe ze onze vrouwen en meisjes hierboven vernederen. We zullen wraak nemen om alles wat ze ons aangedaan hebben. Ik zal persoonlijk wraak nemen op die zeeman met die rode hoofddoek, want dat is de ergste die erbij is.'

Vanuit het ruim komt instemmend gemompel. Wanneer na een uur de vrouwen en meisjes in het ruim afdalen en opnieuw vastgeketend worden, kijkt de boos geworden slaaf naar zijn vrouw. Deze stelt hem met een liefdevolle blik gerust dat er niets gebeurd is.

Met schipper Muller gaat het iedere dag beter. Hij hoeft niet meer de hele dag in bed te liggen. Maar de dokter raadt hem dringend aan in zijn kajuit te blijven, zo lang hij nog niet volledig beter is. Dat is precies wat Leij tegen de dokter heeft gezegd

'Anders maak je op de bemanning een slechte indruk', voegt hij eraan toe. 'Je weet dat ze altijd een sterke man als kapitein willen zien. Een man tegen wie ze kunnen opkijken.'

De waarheid is dat Leij zo geniet van het feit dat hij de baas is op het schip, dat hij de leiding liever nog niet teruggeeft aan kapitein Muller.

'Hoe is met de wind?' vraagt de schipper opnieuw.

'De wind begint aan te wakkeren', antwoordt Leij. 'Stuurman Rostock verwacht dat we de komende dagen meer wind zullen krijgen.'

De kapitein gaat ermee akkoord nog een paar dagen in zijn kajuit te blijven.

'Dan kom ik over een paar dagen terug op het dek', besluit Muller.

Leij knikt. Wanneer de koopman in de hoek van de kajuit een glimmende speer ziet staan, vraagt hij aan Muller: 'Hoe heb je die speer zo mooi glimmend gekregen?'

'Ik heb dagenlang op bed gelegen', glimlacht de schipper. 'Uit verveling ben ik die speer gaan oppoetsen. Met olie kun je hem mooi glad maken. Maar het kost wel veel tijd.'

'Hij ziet er prachtig uit', zegt Leij, terwijl hij zijn vingers over het fijne houtsnijwerk laat gaan.

Dat brengt de koopman op een idee. Hij is dan wel een aantal slaven door ziekte kwijtgeraakt, maar die speren kan hij hopelijk goed verkopen.

Hij geeft opdracht de kisten met de vijftig speren naar het dek te brengen. Nadat de slaven klaar zijn met hun schoonmaakwerk roept hij ze bij zich. Hij pakt de assegaai van schipper Muller en laat zien hoe mooi glad die speer van de olie is geworden.

'Kijk, met deze olie moeten jullie zorgen dat deze speren even glimmend worden.'

De slaven pakken de speren beet.

'En geen geintjes!' waarschuwt Leij hen.

Hij wijst op de bewakers, die in de hoeken van het dek staan opgesteld.

'Ik heb hun gezegd dat ze, bij de minste verdachte beweging, direct mogen schieten.'

Hij geeft ze een lap stof, die de slaven in de olie dopen. Daarna wrijven ze de lap langs de speer. Het werk neemt veel tijd in beslag.

Als de koopman na een uur komt kijken, ziet hij dat de speren nog lang niet zo mooi zijn als de speer van de schipper.

'Het moet nog gladder', zegt hij. 'Ze moeten allemaal even glimmend worden als deze speer.'

De rest van de middag zijn de slaven bezig de speren te polijsten. Dan zijn de eerste tien speren klaar. Leij kijkt tevreden naar het resultaat. Opgepoetst zien de assegaaien er nog indrukwekkender uit. Daar kan hij zeker een mooie prijs voor vragen.

'We hebben nog tijd genoeg voordat we op De Kaap zijn', besluit Leij bij het invallen van de schemering. 'We gaan morgen verder.'

In het holst van de nacht, wanneer de bemanning ligt te slapen, vindt er in het ruim druk overleg plaats.

Massavana en Roesaaij hebben gehoord wat er die middag is gebeurd. Dit is de kans waar ze zo lang op hebben gewacht.

'Als we de mogelijkheid krijgen, komen we morgen in opstand', stelt Massavana voor. 'Dan is mijn rij aan de beurt voor het werk op het dek en in de slaapruimte van de bemanning. Waarschijnlijk wordt ons dan ook opgedragen speren op te poetsen. Ik stel me vooraan op in de groep, zodat ik in de ploeg kom te werken die het dek moet schrobben.'

'Ik zal proberen in de groep voor de slaapruimte terecht te komen', zegt Roesaaij, die in dezelfde rij zit. 'Daar zijn meestal maar twee bewakers aanwezig om een oogje in het zeil te houden. En die liggen het grootste deel van de tijd in hun hangmat te dommelen.'

'Mooi. Als het lukt, zal ik ervoor zorgen dat jullie zo snel mogelijk een aantal speren in de slaapruimte krijgen zodat jullie ook gewapend zijn.'

Massavana kijkt om zich heen en ziet in de ogen van zijn medeslaven alleen maar goedkeuring voor zijn plan.

Dan zet hij zachtjes een strijdlied in, waarin hij hun voorvaderen om steun vraagt voor hun opstand tegen de vijand. Alle slaven zingen zachtjes mee.

Een van de wachters hoort hen zingen en komt een kijkje nemen.

'Bek houden!' roept hij. 'Jullie moeten slapen.'

Massavana heft zijn geboeide pols op en iedereen stopt met zingen. Bovendeks zegt de zeeman tegen zijn collega: 'Ze worden steeds makker, die zwarten, het zijn net lammetjes.'

'Morgen is de dag', zegt Massavana. 'Laten we nu gaan slapen om morgen sterk te zijn.'

Maar Xiomara kan de slaap niet vatten. Ze is het er volkomen mee eens dat ze in opstand komen. Ze wil wraak nemen voor de meedogenloze overval op hun dorp, maar vooral voor de dood van haar moeder en haar vader. Ze walgt van die dronken schoften, die tijdens de avonden dat ze moet dansen, ongegeneerd hun gulzige blikken over haar lichaam laten glijden. Voor die vernedering moeten ze zwaar boeten. Maar voor één zeeman maakt ze een uitzondering, die scheepsjongen met dat blonde krullende haar. Wanneer ze aan het dansen is, ziet ze dat ook hij naar haar kijkt. Maar hij lijkt met een andere blik naar haar te kijken. Een blik waaruit medelijden en respect spreekt. Maar ook schaamte. Ze vraagt haar voorouders Jeronimus te sparen. Met dat gebed op haar lippen en de tanden van de indri tussen haar vingers valt ze onrustig in slaap.

8 De opstand van de slaven

De volgende dag verloopt alles volgens plan: slavenleider Massavana wringt zich, nadat de boeien door een bewaker zijn losgemaakt, op de trap naar het bovendek ongemerkt naar voren. Roesaaij laat zich door iedereen op de trap voorbijlopen zodat hij een van de laatste slaven is die op het dek stapt.

In gezelschap van een aantal medeslaven wordt Massavana ingezet om het dek te boenen. Roesaaij verdwijnt met de andere groep naar het tussendek, om de slaapruimte van de bemanning te schrobben en de matrassen te luchten.

Na het schoonmaken van het bovendek krijgt de ploeg van Massavana het bevel op het dek te gaan zitten en speren te polijsten. Terwijl Massavana een speer oppoetst, kijkt hij goed om zich heen, om vast te stellen waar de bewakers staan. Het zijn er drie, die op verschillende plekken tegen de reling van het schip leunen. Ze turen meer over zee dan dat ze de slaven in de gaten houden. En waarom zouden ze ook? Tot nu toe is er niets dat erop wijst dat de slaven iets zouden willen ondernemen. Soms loopt een van de bewakers naar een ander, om een praatje te maken.

Dat lijkt Massavana een goed ogenblik om tot de aanval over te gaan. Maar juist als hij een teken wil geven, loopt de bewaker bij de ander weg en richt zijn blik op de groep slaven. Even verderop gaat hij op de reling zitten.

Massavana fluistert tegen zijn medeslaven dat ze zo langzaam mogelijk moeten werken. Op het moment dat hij zijn linkerhand opheft, zullen ze tot de aanval overgaan.

Na een half uur loopt een van de bewakers weer naar de andere wacht om een gesprek aan te knopen. Ze draaien zich om en wijzen naar een paar dolfijnen die springend en duikend met het schip mee zwemmen. Ze roepen zelfs de derde bewaker erbij, omdat een van de dolfijnen wel een meter boven het water uitkomt. Ze staan een paar tellen met hun rug naar de poetsende slaven.

Massavana heft snel zijn linkerhand op, zwaait tegelijkertijd met zijn rechterhand de glimmende assegaai naar achteren en werpt hem naar voren. Hij treft de middelste bewaker in de rug, die langzaam in elkaar zakt. Zijn medeslaven hebben zijn voorbeeld gevolgd. De andere twee bewakers kijken verbaasd opzij om te zien wat er met hun maat aan de hand is. Als ze zich vervolgens omdraaien om te kijken waar het gevaar vandaan komt, suizen opnieuw twee speren door de lucht en raken de andere bewakers in hun borst. Een van hen zakt langzaam in elkaar, naast de al getroffen bewaker. De derde bewaker wordt niet direct in het hart geraakt. Hij slaakt een kreet van pijn die door merg en been gaat en over het hele schip te horen is. Eerst probeert hij wanhopig de assegaai uit zijn borst te trekken. Daarna doet hij verwoede pogingen zijn geweer op de slaven te richten, maar voordat hij daartoe in staat is, treft een tweede speer hem nu wel in het hart. Hij stort voorover op het dek neer.

Bliksemsnel steekt Massavana een paar assegaaien in de trapopening van het tussendek, waar een slaaf van de andere ploeg al een half uur lang de trap aan het boenen is. Hij pakt de speren aan en geeft er een aan Roesaaij, die onderaan de trap de slaapruimte voor de vierde keer schoonboent. De twee bewakers op het tussendek liggen naast elkaar in twee hangmatten met elkaar te praten.

Roesaaij en zijn medeslaaf sluipen onhoorbaar naderbij en steken van opzij hard toe. Met een diepe zucht blazen de bewakers hun laatste adem uit. De slavenleider grist de sleutels uit de hand van een van de gedode bewakers.

'Bevrijd zo snel mogelijk al onze mensen in het ruim!' beveelt hij een dorpsgenoot, aan wie hij de sleutels geeft.

Intussen rennen de slaven die het tussendek schoonmaakten de trap op naar het bovendek, om zich bij hun kameraden te voegen. Samen vormen ze een groep van ongeveer dertig man. Ze verspreiden zich onmiddellijk op het dek en verschansen zich achter kisten en sloepen.

De zeelieden die zich in de buurt van het dek bevinden en als eersten op de kreet afkomen, worden onmiddellijk gedood. Als ze dolken bij zich dragen, worden die meteen in beslag genomen.

Stuurman Rostock weet de speer die voor hem bedoeld is te ontwijken. Hij draait zich razendsnel om en rent bukkend het dek af, terwijl de speren langs hem heen suizen. Hij rent direct door naar de schippershut waar Leij en de kapitein aan het eten zijn.

'De slaven zijn in opstand gekomen!' schreeuwt hij.

Leij springt uit zijn stoel.

'Wat?' roept de koopman verbijsterd uit.

'De slaven hebben de bewakers op het bovendek gedood', stamelt Rostock. 'Ze doden met hun speren iedereen die op het bovendek komt. Ik kon maar net ontsnappen.'

Leij wacht geen moment en rent de hut uit, gevolgd door de kapitein en de stuurman.

'Verzamel zoveel mogelijk bemanningsleden en deel geweren uit', roept hij tegen de zeeman.

Op het dek worden zeelieden die nog niet weten wat er aan de hand is, de een na de ander, door de slaven overvallen en overboord gegooid.

Leij en Muller lopen bukkend met de verzamelde zeelieden in de richting van het dek. Ze verspreiden zich in twee groepen, om het bovendek van twee kanten te bestormen. Ze horen het gejuich van de slaven, elke keer als een zeeman over de reling wordt gegooid.

Maar de toegangen tot het grote dek zijn smal en zodra Leij zijn hoofd om de hoek steekt, blijft een speer trillend naast hem in het hout steken. Af en toe slaagt een zeeman erin een schot te lossen, maar ook de slaven zitten achter allerlei obstakels verscholen.

'We moeten een verrassingsaanval doen', stelt Leij voor, nadat ze zich hebben teruggetrokken.

'Maar ze zijn met veel meer dan wij', werpt Muller tegen.

En daarin heeft hij gelijk. In de tussentijd zijn de slaven in het ruim van hun ketens bevrijd. Ze klimmen de trappen op naar het bovendek om hun kameraden te helpen. Degenen voor wie er geen speren meer zijn, pakken een stuk hout, een stuk ijzer, wat ze ook maar kunnen vinden om mee te vechten.

'Ga beneden vuur halen', gebiedt Leij aan een van de zeelieden. 'Dat zal ze schrik aanjagen bij onze aanval.'

Hij geeft opdracht een aantal fakkels aan te steken en deze over de twee groepen te verdelen.

'Op mijn bevel gooien we de fakkels op het dek en stormen dan tegelijkertijd van twee kanten het dek op.'

'Nu!' schreeuwt hij even later luid.

Een tiental fakkels daalt op het dek neer. De zeelieden stormen al schietend naar voren. De verrassingsaanval mist zijn uitwerking niet. De slaven worden in eerste instantie overrompeld door het vallende vuur en de schoten. Er is een paar tellen grote verwarring en een aantal slaven valt dood neer op het dek. Maar de overige slaven herstellen zich snel en gaan tot de tegenaanval over in een gevecht van man tot man. De strijd is ongelijk, want de slaven zijn verreweg in de meerderheid. Als een slaaf dood neervalt, doemen achter hem twee andere slaven op, die wraak nemen voor de dood van hun getroffen stamgenoot.

Een verdwaalde kraai gaat op het kraaiennest zitten om dit ongewone schouwspel van nabij gade te slaan.

Hij ziet dat het dek langzaam maar zeker bezaaid raakt met dode zeelieden. Een aantal matrozen wordt beetgepakt en over de reling in zee gegooid. Sommige slaven gaan dezelfde weg. Eén zeeman verdedigt zich met een stuk brandend hout, maar hij wordt vanachter opgetild en met fakkel en al over boord gesmeten.

Xiomara verschuilt zich met de andere meisjes en vrouwen achter een paar grote kisten in de hoek van het dek. Ze kijkt angstig toe hoe de strijd verloopt. Ze heeft die scheepsjongen nog niet aan de gevechten van man tot man zien deelnemen.

Leij, Muller en ook Jeronimus hebben zich verdekt opgesteld en schieten van tijd tot tijd, wanneer ze een slaaf alleen voor hun vizier krijgen. Maar dat gebeurt zelden, omdat de slaven hun tegenstanders zo snel mogelijk opzoeken in een lijf-aan-lijfgevecht.

Bloed stroomt over het dek tussen de planken. Er wordt geschreeuwd, gescholden, gekreund en gejammerd, maar ook gejuicht wanneer een matroos of een slaaf met een plons in zee belandt.

De laatste zeeman op het dek is Voordewindt, die als een razende met een fakkel en een mes om zich heen slaat. Wanneer hij ziet dat drie slaven tegelijk op hem afkomen, kiest hij het hazenpad en vlucht het want in.

Hij is niet de enige. Andere zeelieden, die bij het uitbreken van de opstand bezig waren met de zeilen, hangen ook nog in het want waar ze zich veilig waanden. Maar dat hebben ze mis. De vlucht van Voordewindt in het want maakt de slaven erop attent dat er nog bemanningsleden op de ra's staan. Nadat de laatste matroos op het dek overboord is gekieperd, klinkt er een luid gejuich op.

Massavana heeft kort overleg met Roesaaij. Hij gaat met een aantal slaven Voordewindt achterna. Roesaaij gaat over tot de aanval op de zeelieden, die zich met hun geweren bij de toegangen tot het dek hebben verschanst.

Massavana klimt als een halfaap het want in, gevolgd door een aantal andere slaven. Gewend als ze zijn aan het klimmen in hoge bomen, klauteren ze de bemanningsleden achterna, die steeds hoger het want in vluchten. Met hun speren worden de zeelieden er één voor één uitgegooid. Sommige zeelieden springen zelf vanaf de dwarsbalk de zee in om te ontkomen aan de wraak van de slaven.

Massavana heeft maar één iemand op het oog: de gehate Voordewindt, die de afgelopen weken geen gelegenheid voorbij liet gaan de slaven te slaan en te vernederen. Voordewindt kruipt helemaal naar het kraaiennest, waar de kraai opvliegt om plaats te nemen op een andere mast. In het kraaiennest is Voordewindt even veilig. Maar hij heeft niets om zich mee te verdedigen. Massavana hangt onder het kraaiennest en ziet een kier in de bodem. Met al zijn krachten steekt hij zijn speer door de smalle opening en steekt Voordewindt in zijn voet. Deze slaakt een afschuwelijke kreet van pijn en grijpt naar zijn voet.

Van die paar tellen van onoplettendheid maakt Massavana gebruik om aan de andere kant razendsnel in het kraaiennest te klimmen. Eén tel kijken de twee mannen elkaar aan, hun ogen vervuld van diepe haat. Dan stompt Massavana de verwonde Voordewindt onverwachts in zijn buik. De zeeman slaat dubbel van de pijn. Massavana pakt Voordewindt in een snelle beweging van onderen beet, tilt hem op en duwt hem over de rand van het kraaiennest. Voordewindt valt voorover en buitelt langs de zeilen omlaag. Hij valt op het dek te pletter. Hij wordt meteen opgepakt door een van de opstandelingen en overboord gegooid. Wanneer hij even later komt bovendrijven, kleurt de zee rondom hem langzaam rood. Massavana slaakt een juichkreet die uit het diepst van zijn ziel komt, wanneer hij het lichaam van de gehate zeeman levenloos ziet wegdrijven.

Leij en Muller voelen zich steeds meer in het nauw gedreven. Ze krijgen geen enkele kans meer hun geweren op de slaven te richten of het dek te bestormen. Zodra de loop van het geweer tevoorschijn komt, suist er een assegaai in hun richting. Het zal niet lang meer duren of de slaven bestormen de toegangen.

Leij schreeuwt naar Muller dat ze zich moeten terugtrekken in de schippershut. Ze rennen halsoverkop naar achteren. Maar

Muller, die nog maar net is hersteld van zijn griep, loopt niet snel. Hij hoort de achtervolgende slaven steeds dichterbij komen. Opeens voelt hij een steek in zijn schouder. Een assegaai heeft hem geraakt. Hij trekt met zijn laatste krachten de speer uit zijn schouder en bereikt meer dood dan levend als laatste de kajuit. De deur wordt onmiddellijk achter hem gesloten en met twee zware kisten gebarricadeerd.

Roesaaij stormt met zijn slaven de smalle gang naar de kajuit in. Als ze de kapiteinshut hebben bereikt is deze afgesloten en gebarricadeerd. Roesaaij laat een paar mannen aan het begin van de gang achter om de wacht te houden.

Nadat Massavana Voordewindt uit het want heeft geslagen, keert hij terug naar het dek. Daar gooien sommige slaven speren naar zeelieden die overboord gegooid zijn, maar nog in leven zijn.

'Niet doen!' beveelt Massavana hun. 'Dat is zonde van onze wapens.'

Anderen werpen de laatste dode lichamen van de zeelieden in zee.

Pelsaert en Wouters, die tijdens het gevecht overboord zijn geworpen, weten de speren te vermijden en proberen naar het schip terug te zwemmen. Dan zien ze plotseling hoe een touw uit het raam van de kapiteinshut wordt gegooid. De slaven, die zelfs een paar geweren hebben weten te bemachtigen, schieten in het wilde weg op de twee zeelieden in het water. Maar ze kunnen er niet goed mee omgaan. De kogels springen ver van de zwemmers op de golven. Via het touw klimmen de twee zeelieden tegen het boord op en worden door het raam naar binnen getrokken. Jeronimus haalt opgelucht adem, wanneer zijn maten Pelsaert en Wouters eindelijk veilig binnen zijn.

Op het dek ontmoeten de slavenleiders elkaar weer. Ze omhelzen elkaar en feliciteren elkaar met de geslaagde opstand.

Dan pas komen de slavinnen juichend en zingend vanachter hun verschansing tevoorschijn. Massavana legt uit hoe hij de gehate Voordewindt te pakken heeft genomen. Terwijl hij naar het kraaiennest wijst, ziet hij de vlag van de VOC nog aan de mast wapperen. Hij geeft een van zijn dorpsgenoten onmiddellijk opdracht de vlag uit de mast te halen. Even later steken de slaven op het dek de vlag in brand, terwijl ze eromheen dansen en juichen.

In nog geen uur is de situatie op *De Meermin* volledig omgedraaid: de slaven lopen vrij rond op het bovendek, de bemanning die het heeft overleefd zit op het achterschip opgesloten in de kajuit van de schipper.

De slaven op het dek lachen en klappen in hun handen van blijdschap dat ze weer vrij zijn. Ze hebben de voorraadkamer ontdekt en slepen een vat bier en wijn het dek op om hun vrijheid te vieren. Ze zingen en dansen de hele nacht door, terwijl fakkels het schip feestelijk verlichten.

Xiomara is even blij als de andere slaven. Ze kijkt toe hoe alle stamgenoten uitbundig feest vieren. Maar af en toe staat ze even stil en vraagt ze zich af hoe het die blonde scheepsjongen is vergaan. Leeft hij nog of hoort hij tot de vele gedode zeelieden die in zee drijven? Dan trekt een van haar dorpsgenoten haar binnen de kring. Ze vergeet haar sombere gedachten en danst in extase uren achtereen.

Niemand van de slaven heeft in de gaten dat de wind steeds meer toeneemt en het schip sneller voortstuwt dan de voorafgaande dagen.

De slaven verkeren in de roes van de overwinning. Ze lopen als trotse heersers op het dek rond. In hun uitgelaten stemming zijn ze vergeten dat ze geen vaste grond, maar een schip, een drijvend eiland, onder hun voeten hebben.

9 Klapperende zeilen

De bemanning van *De Meermin* brengt een angstige nacht door in de schippershut. Ze horen op het dek het gejoel van de bevrijde slaven en ze zijn bang dat de slaven met man en macht zullen proberen de kapiteinshut te veroveren. In de loop van de nacht zetten ze nog twee kisten tegen de deur. Maar er gebeurt verder niets.

Jeronimus telt de aanwezigen. Ze zitten met z'n dertigen in de kajuit. Dat is de helft van de bemanning; de overige zeelieden moeten door de slaven zijn omgebracht. De kajuit is groot, maar niet bedoeld voor dertig man. Sommige matrozen zitten op de grond, anderen hangen tegen de wanden, alleen koopman Leij en de schipper zelf zitten op een stoel. De kapitein kreunt lichtjes. De witte lap om zijn schouder is rood gekleurd.

Af en toe dommelt de scheepsjongen in slaap, maar bij het minste geluid wordt hij wakker en kijkt hij angstig om zich heen.

Als de ochtend aanbreekt, is het niet de gewonde schipper, maar opnieuw koopman Leij die de orders uitdeelt.

'Is er nog voedsel in de kajuit?' vraagt hij aan Muller.

De schipper wijst naar een kast in de hoek. Daar vinden ze een zak aardappelen en een groot stuk rauwe ham.

'En drinken?' vraagt de koopman.

'Ik heb gisteren een wijnvat en nog een aantal flessen wijn naar de kapitein gebracht', zegt bottelier* Jan de Leeuw.

Nadat je eerst zelf het nodige had gedronken, grinnikt Pelsaart in zichzelf. Toen hij de dag ervoor een klusje moest doen in de bottelarij, had hij De Leeuw betrapt toen die met een rietje via een kier in het vat zat te drinken.

'Waar liggen die?' vraagt Leij.

'Onder het bed.'

Een klein wijnvat wordt onder de bedstee vandaan getrokken.

'Dan zullen we het hiermee moeten doen. Als we allemaal kleine porties nemen, houden we het in ieder geval een paar dagen uit.'

Als ontbijt krijgt elk bemanningslid een aardappel en een klein scheutje wijn. Ze hebben honger en vallen erop aan alsof er in de hele wereld niets lekkerders bestaat.

'We zullen ze wel krijgen, die zwarten', zegt Leij. 'We laten het er niet bij zitten. Maar wat kunnen we doen?'

'Voorlopig hoeven we nog niet voor ze te dansen', grinnikt Pelsaart.

'In de ruimte hiernaast staat een vat met kruitpoeder', zegt Rostock na een lange poos zwijgen. 'Kunnen we dat niet gebruiken?'

Leij weet hoeveel ontzag de slaven hebben voor vuur en onweer.

'Dat is een goed idee, Rostock. We kunnen dat kruitvat gebruiken om ze angst aan te jagen. We halen het vat uit die ruimte, steken de lont aan, gooien het in het vat en rollen het vat door de gang in de richting van het dek. Na de explosie maken we van de verwarring onder de slaven gebruik om een aanval te doen en het schip weer in handen te krijgen. Wie biedt zich aan om de lont in het kruitvat te steken?'

Het wordt doodstil in de kajuit. Iedereen weet dat het vrij gevaarlijk is om zoiets te doen.

'Ik doe het wel', zegt matroos Rijk Meijer tot opluchting van velen.

'En ik help je wel', zegt zijn vriend Mate Gulik. 'We doen het wel samen. Maar hoe komen we bij het kruitvat?'

'We zullen een uitval moeten doen', oppert Rostock. 'We hebben tenslotte nog een aantal geweren.'

'Als we wat willen, moeten we het nu doen', stelt Leij voor. 'Vermoedelijk liggen de slaven nog allemaal hun roes uit te slapen. Ze verwachten niet dat we zo snel in de tegenaanval gaan.'

Ze doen een raampje aan de zijkant van de kajuit open, maar ze horen geen enkel geluid. Heel voorzichtig schuiven ze de kisten opzij. De zeelieden houden hun geweren in de aanslag als Gulik de deur zachtjes opendoet. Meijer heeft intussen de lont aangestoken en sluipt door de smalle opening naar de ruimte ernaast. Zijn vriend doet de deur van de ruimte open en trekt het vat de gang op. Snel haalt hij het deksel eraf en ziet dat er nog een aardige hoeveelheid kruit in zit. Hij moet het vat omduwen zodat het kan rollen. De lont van Meijer is al voor meer dan de helft opgebrand.

Jeronimus kijkt gespannen toe. Ziet Gulik ook dat de lont opraakt?

De gang is smal, maar na een paar pogingen ligt het vat op z'n kant. Gulik kijkt naar Meijer. Twee dingen moeten nu op hetzelfde moment gebeuren. Terwijl hij een schop tegen de ton geeft, moet zijn vriend de lont in het vat gooien.

Maar dan gaat het mis. Na de schop blijft het vat in de smalle gang steken. Gulik doet een stap naar voren om het vat verder de gang op te laten rollen. Maar Meijer heeft intussen het lont al in het vat gegooid. Er volgt een geweldige ontploffing en het vat knalt in stukken uit elkaar. Meijer duikt weg in de ruimte waarin het vat stond, maar Gulik kan niet snel genoeg wegkomen en raakt gewond aan zijn rechteroog.

De slavenspionnen hebben al lang gezien wat de zeelieden uitspoken. Massavana en Roesaaij hebben zich met een groep slaven verschanst aan het eind van de gang. Ze zien hoe twee zeelieden zich door een kier van de deur wurmen, een ton pakken en die rollend door de gang op hen afsturen. Ze begrijpen er niets van en horen dan een enorme knal. Ze schrikken zich wezenloos en rennen terug naar het dek. Maar wanneer er verder niets gebeurt, keren ze snel terug en spieden de gang in, waar de rook langzaam optrekt. Ze zien nog net hoe de twee zeelieden zich terugtrekken in de schippershut. Een van de mannen bloedt behoorlijk. Ze begrijpen niet waarom de zeelieden zichzelf met een ontploffing hebben verwond.

In de kajuit schreeuwt Gulik het uit van de pijn. 'Mijn oog', kermt hij.

Hij wordt voorzichtig op het bed van de kapitein neergelegd. De scheepsarts verbindt zijn bloedende oog. Leij is woedend om de mislukte actie, maar hij houdt zich in. Misschien heeft hij met de explosie toch indruk weten te maken op de slaven.

'Zet de deur eens op een kier', beveelt hij Jeronimus en Wouters, die met vereende krachten de kisten een klein stukje opzij schuiven.

'Horen jullie me?' roept Leij luid in het Malagasi.

'Ja, we horen je. Willen jullie je overgeven?' stelt Massavana als wedervraag.

'We wilden nog niet meteen met het zwaarste geschut beginnen', zegt Leij. 'Maar als jullie je niet overgeven, dan blazen we het hele schip op. We hebben hier in de kajuit nog drie kruitvaten staan.'

Leij hoort achter in de gang de slavenleiders met elkaar overleggen. Dan klinkt er gelach.

'Als jullie het schip opblazen', roept Massavana, 'blazen jullie ook jezelf op. En als jullie het even goed doen als de eerste keer, waarschijnlijk alleen jullie zelf.'

Weer klinkt een daverend gelach op onder de slaven.

'Wacht maar af', roept Leij. 'Jullie zijn nog niet van ons af.'

Het klinkt al een stuk minder dreigend. Als reactie blijft een speer vlak naast de kier trillend in de deur steken.

'Wij zijn nu de baas op het schip', roept Massavana. 'Niet jullie.'

Leij geeft opdracht de deur weer stevig te barricaderen. Hij kijkt naar de vragende gezichten van de zeelieden rondom hem.

'Ze vragen of we ons willen overgeven.'

'Geen sprake van', zegt De Leeuw. 'Als we ons overgeven, worden we afgemaakt.'

De andere zeelieden zijn het met hem eens.

'We kunnen vannacht misschien een uitbraak doen', stelt Wouters voor.

'Dat is het enige wat we nog kunnen doen', beaamt Leij zijn voorstel.

Midden in de nacht halen de mannen heel voorzichtig de barricade voor de deur weg. Onder luid geschreeuw springen de zeelieden naar voren en rennen voor zich uit schietend de gang op. De gang is vrij smal, waardoor er maar twee mannen tegelijk naast elkaar kunnen lopen.

Aan het eind van de gang staan de verdekt opgestelde slaven hen op te wachten. De voorste twee bemanningsleden worden door een speer getroffen en vallen neer. De achter hen lopende zeelieden aarzelen over de lichamen van hun gevallen kameraden heen te stappen. Leij ziet in dat de verrassing al weg is en verdere actie geen zin heeft. Hij beseft dat er alleen nog maar meer doden zullen vallen als hij de bestorming voortzet.

'Terugtrekken', schreeuwt hij en draait zich als eerste om, om naar de kapiteinshut terug te rennen.

Even later horen de zeelieden twee keer een plons en gejuich en zien door een raam de lichamen van hun maten in zee drijven. Het vervult Jeronimus met afgrijzen... en angst.

Hij gaat met zijn rug tegen de wand zitten en probeert te slapen. Maar er is te veel gebeurd die nacht om de slaap te vatten. De slaven zijn nu de baas en de zeelieden de gevangenen. Eigenlijk vindt hij het wel goed dat ze die harteloze koopman Leij te grazen hebben genomen. Maar hij is ook bang, erg bang, want de slaven zullen niet eerder rusten dan wanneer ze wraak hebben genomen voor al het leed dat hun is aangedaan. En hij is een van hen... Ook hij wordt beschouwd als een van de slavenjagers.

De Meermin drijft al twee dagen rond naar de willekeur van de wind en de stromingen op de oceaan tussen Afrika en Madagaskar.

Roesaaij heeft het op zich genomen het schip te besturen, maar hij weet volstrekt niet hoe dat moet. Bij het roer heeft hij een paar zeekaarten en een kompas gevonden, die de gevluchte stuurman Rostock heeft achtergelaten, maar hij begrijpt niets van de kaart. Zijn enige ervaring is het varen met een kano op de rivier bij hun dorp. Die paar keer per jaar dat ze de hele rivier afvaren om naar zee te gaan, blijven ze altijd dicht bij de kust.

Langzaam maar zeker dringt het tot de slavenleiders door dat ze eigenlijk niet veel beter af zijn dan de gegijzelde zeelieden in de schippershut. Zij zijn heer en meester aan boord, maar kunnen niet op eigen kracht terugvaren naar hun vaderland. De zeelieden kunnen wel varen, maar zitten in de schippershut verschanst.

Veel tijd om daarover na te denken krijgen ze niet, want de al dagen aanwakkerende wind groeit geleidelijk uit tot een storm. In de namiddag zien ze vanuit het oosten een inktzwarte lucht naderen, aangekondigd door zwarte vogels die een poos rond het schip zweven. *De Meermin* begint te deinen en te rollen, de touwen beginnen luider tegen de masten te kletteren.

'Er is een zware storm op komst', zegt Rostock, terwijl hij een blik uit het raam werpt. 'En die slaven weten helemaal niet hoe ze een schip moeten besturen, laat staan in een storm. Ze hadden al lang de zeilen moeten reven* en de luiken moeten sluiten!'

Langzaam dringen zijn woorden tot Jeronimus en de andere zeelieden door. Ze beseffen nu pas het grote gevaar waarin ze verkeren. Niet een bestorming door de slaven of de dreigende honger, maar de storm en de zee zijn nu hun grootste vijanden geworden.

De toenemende wind begint om het achterschip heen te loeien en het wordt snel heel donker in de kajuit. Het schip bokt alle kanten op. Jeronimus moet zich schrap zetten om niet om te vallen. Hij kijkt gespannen door het raam naar de lucht. De eerste regen klettert met grote druppels tegen de ramen van de kajuit. De bulderende windvlagen rukken kwaad aan de ramen. De meeste slaven hebben het bovendek verlaten en zijn naar het tussendek gegaan, waar ze dicht tegen elkaar kruipen. Alleen de twee aanvoerders staan bij het roer en doen pogingen het schip in bedwang te houden. Ze weten dat je een kano het beste recht in een aankomende golf kunt sturen. Maar de golven rollen van alle kanten op het schip af en hoe Roesaaij ook aan het rad draait, het lijkt wel of het schip zijn eigen gang gaat.

Bovendien belemmert de neervallende regen elk zicht: hij kan de boeg van *De Meermin* niet eens meer zien. Maar hij blijft in de striemende regen het roer vasthouden, in de overtuiging dat het schip binnen de kortste keren in de golven zal verdwijnen als hij het roer loslaat.

De storm giert zo hevig dat de masten beginnen te schudden. De horizon is weggevallen: de donkere lucht, de grijze regen en de zwarte zee zijn één grauw geheel geworden.

Jeronimus heeft in zijn leven nog nooit zo'n storm meegemaakt. Af en toe ziet hij de golven huizenhoog langs de ramen voorbijkomen. Het schip dreunt en trilt van alle kanten en is een speelbal van de woedende oceaan geworden. In de kapiteinshut buitelen de zeelieden af en toe over elkaar heen door de onverwachte bewegingen van het schip. Soms ziet de scheepsjongen een stuk afgescheurd zeil of een plank voorbij de ramen waaien. Hij denkt angstig terug aan de storm bij Kaap Agulhas, waarbij zijn vader door een onverwachte windvlaag uit het want viel. Zou hij hetzelfde lot als zijn vader ondergaan?

Het kolkende water slaat keer op keer op het dek over Roesaaij en Massavana heen, om aan de andere kant van het schip weer terug in zee te stromen. Tonnen raken los en schuiven als een speelbal over het dek van reling naar reling. Na een zeer krachtige stormvlaag breekt een van de masten met veel gekraak af. Roesaaij en Massavana kijken omhoog en zien de mast recht op zich afkomen. Met een bliksemsnelle sprong kunnen ze nog net opzij springen, voordat de gebroken mast met veel gekletter op het dek valt. Even later spoelt het stuk van de mast overboord.

In de kajuit hebben de zeelieden het gekraak gehoord.

'Dat was een mast', zegt Muller. 'Als er nog een mast afbreekt, is het schip verloren.'

De angst staat in zijn ogen te lezen.

'Kun jij niet boven gaan helpen?' vraagt hij aan Rostock.

'Daar is het nu al te laat voor', werpt de stuurman tegen. 'In deze omstandigheden kom ik niet eens meer bij het roer. En wat zullen ze doen als ik daar plotseling zou verschijnen? Misschien gooien ze me wel meteen overboord.'

De vliegende storm duurt al een uur en weet nog van geen wijken. Hij blijft aan alle kanten op het schip inbeuken. Alsof hij het uit elkaar wil slaan. Soms glijdt de geteisterde schuit na een zware windstoot schokkend vooruit of maakt onverwachts een draai. Alleen het boegbeeld van de zeemeermin heeft er geen moeite mee onder water te duiken...

Jeronimus hoort het jammerende geklepper van losgeslagen zeilen zelfs boven het gehuil van de storm uit. Een krakend lawaai doet de hele bemanning opschrikken. Een van de sloepen is losgeschoten, tegen de verschansing aangeklapt en voor een deel versplinterd.

Op het tussendek wacht Xiomara angstig af. Af en toe loopt ze de trap op naar het bovendek en tilt het luik op om te kijken of Massavana en Roesaaij nog achter het roer staan. Ook zij gelooft dat een verlaten roer de ondergang van De Meermin betekent. Ongewild krijgt ze een golf water over zich heen. Snel spuugt ze het zilte zeewater uit haar mond. Ze voelt hoe het schip schuddend doorrolt over de golven en wordt er misselijk van.

Het jonge slavenmeisje ziet hoe een groot zeil afscheurt en

op de slavenleiders valt, die hun evenwicht verliezen. Ze slaakt een gil, want tegelijkertijd spoelt een grote golf over het dek, die het zeil meeneemt en ook de slavenleiders dreigt mee te sleuren. Maar gelukkig slagen ze erin onder het zeil vandaan te komen. Ze weten nog net de reling van het schip vast te grijpen, voordat ze in de kolkende zee zouden verdwijnen. Ze doen er meer dan een kwartier over om de tien meter te overbruggen die hen scheidt van het roer.

Pas als Xiomara de aanvoerders weer achter het roer ziet staan, gaat ze naar beneden om zich bij haar stamgenoten te voegen.

Een van hun dorpsgenoten bidt hardop om hun voorvaderen te vragen de zee tot rust te brengen.

Langzaam, heel langzaam neemt de storm in kracht af.

'We hebben het ergste gehad', zegt Rostock, die het geluid van de storm hoort veranderen. 'De storm gaat geleidelijk liggen. En we leven nog.'

Na nog een uur is de storm voorbij. Rostock duwt voorzichtig een van de kajuitramen open. De lucht is lichtgrijs en in de verte ziet hij een paar blauwe vlekjes.

Een voor een komen de slaven het natte dek op, dat eruitziet als een waar slagveld. Overal liggen touwen, stukken zeil, afgebroken planken, versplinterd hout en weggerolde vaten.

De slaven verzamelen zich rond hun leiders, die ze bedanken voor hun redding. Ze heffen gezamenlijk een lied aan waarin ze hun voorouders bedanken dat ze de kwade geesten van de wind en de zee overwonnen hebben.

Dan richt Massavana zich tot de slaven: 'We moeten onderhandelen met de zeelieden in het achterschip, want wij kunnen het schip zelf niet terugbrengen naar ons vaderland. Onze voorouders hebben ons nu gered, maar zijn ze sterk genoeg om dat weer te doen bij een volgende storm?'

10 Vals spel

Terwijl *De Meermin* op een rimpelloze zee stuurloos ronddrijft, wordt in de kajuit van de kapitein ook druk overlegd hoe het nu verder moet.

'Door de storm hebben we in ieder geval één voordeel', oppert Leij. 'Ze weten nu wat er met een onbestuurbaar schip kan gebeuren. De slaven zijn vrij van de boeien, maar gebonden aan een schip waarmee ze niet kunnen zeilen. Dat moeten we in ons voordeel gebruiken.'

De schipper en de overige bemanningsleden knikken instemmend.

'Maar ze kunnen ons toch gewoon uithongeren?' werpt Wouters tegen.

'Dat kunnen ze, ja. Maar wat dan nog? Ze kunnen geen schip besturen. Willen ze het risico lopen in een volgende storm schipbreuk te lijden? Zij weten niet hoe weinig voedsel we nog bij ons hebben.'

'En dat gaan we ze ook niet vertellen', voegt Muller eraan toe.

'We moeten nu met ze onderhandelen over de teruggave van *De Meermin*', zegt Leij sluw. 'We moeten het ijzer smeden als het heet is. Ze zijn nu nog onder de indruk van de storm en blij dat ze het overleefd hebben.'

'Maar ze geven het schip nooit terug', zegt Rostock.

'Jawel, dat doen ze wel, maar we moeten het slim spelen', zegt de koopman. 'Luister.'

Zijn stem daalt en hij gaat op fluistertoon verder. Alle zeelieden buigen zich naar voren om zijn woorden te kunnen opvangen. Ze zijn doodstil. Wanneer Leij zijn plan heeft ontvouwd, komt bij de meeste zeelieden een grijns op het gezicht. Als dát zou lukken...

Even later schuiven Jeronimus en Wouters de barricade bij de deur weg, om een kleine opening te creëren. Leij zet zijn handen als een toeter voor zijn mond en roept dat hij met de slavenleiders wil praten.

Na een kwartier ziet hij door de kier de slavenleiders aan het begin van de gang staan.

'We willen onderhandelen', zegt Leij.

'Waarover?' vraagt Massavana.

'Jullie kunnen het schip niet besturen. Het schip is zo beschadigd dat het bij de eerstvolgende storm in de golven verdwijnt. Is dat wat jullie willen?'

Massavana wist dat de koopman en de kapitein hiermee zouden komen. Met Roesaaij had hij hun stamgenoten het volgende voorstel gedaan: zij brengen ons veilig en in vrijheid terug naar de kust bij ons dorp en daar krijgen ze pas het schip terug.

'Als we als slaaf worden verkocht, kunnen we net zo goed in de golven verdwijnen', daagt Massavana de koopman uit. 'Samen met jullie.'

'Ik heb het volgende voorstel', zegt Leij.

'Nee', valt de slavenleider hem in de rede. 'Jij hebt ons niets voor te stellen. Wij stellen hier de eisen.'

Leij houdt zijn mond. Het is beter de slavenleiders niet onnodig op de kast te jagen.

'Wat is jullie voorstel dan?' vraagt hij.

'Jullie varen ons terug naar Madagaskar, naar het fort. Daar gaan we aan land en geven we jullie het schip terug.'

De koopman lacht in z'n binnenste. Dat is precies wat hij ook had willen voorstellen.

Hij zwijgt even om zogenaamd na te denken. Alsof het voorstel hem overvalt.

'Goed', zegt hij. 'Ik stuur stuurman Rostock om het roer over te nemen. Hij weet hoe hij terug moet varen naar Madagaskar. Maar er zijn ook mensen nodig om de ergste schade op het schip te herstellen.'

'Er mogen twee zeelieden met hem meekomen voor het repareren van de schade die de storm heeft aangericht.'

'Ik zal scheepstimmerman Pelsaart en zijn hulp meesturen. Maar er zijn ook mensen nodig om de zeilen te bedienen.'

Leij ziet dat Massavana overlegt met Roesaaij.

'Hoeveel mensen zijn daarvoor nodig?'

'Zeker vier.'

Weer is het even stil.

'Je mag er nog twee meesturen, niet meer', klinkt het even later.

De twee slavenleiders willen niet dat er opeens te veel zeelieden vrij op het schip rondlopen, die de kans zouden kunnen aangrijpen om het schip weer in bezit te krijgen.

'Verder willen we dat jullie de kruitvaten overboord gooien', eist Massavana.

Door deze eis voelt Leij zich overvallen. Hier heeft hij geen rekening mee gehouden.

Hij voert koortsachtig overleg met kapitein Muller. Deze schudt zijn hoofd.

'Wij houden de kruitvaten bij ons', houdt hij de slavenleider voor. 'Dat is onze garantie dat we uiteindelijk het schip terugkrijgen en ongedeerd kunnen vertrekken als we jullie hebben afgezet bij het houten fort.'

'Goed', zegt Massavana even later, die het standpunt van de koopman kan begrijpen.

'We willen ook voedsel. We hebben wel wat voedsel, maar we willen ook groente en eieren.'

'De kisten met groenten en de kippen zijn in de storm in de golven verdwenen', zegt Massavana. 'We hebben nauwelijks genoeg voor onszelf. Zorg maar dat je ons terugbrengt voordat jullie voedsel op is. Wij hebben tot nu toe op een houtje moeten bijten. Nu is het jullie beurt.'

Leij begrijpt dat de slavenleiders niet gek zijn en hun benarde situatie goed inschatten.

'Het enige wat wij willen is dat je ons terugbrengt naar ons dorp, naar onze familie', herhaalt de slavenleider zijn eis. 'Zo niet, dan hongeren we jullie uit of gaan we met zijn allen naar de haaien.'

Wat kan de koopman anders doen dan hun eisen accepteren, wil zijn valse plan een kans van slagen hebben...

'Goed', besluit de koopman de onderhandelingen. 'We gaan akkoord met jullie eisen. Ik stuur de stuurman, de timmerlieden en een paar zeelieden naar jullie toe, om het schip te zeilen en te repareren. Je kunt me vertrouwen.'

'Een slavenvervoerder zal ik nooit vertrouwen', beëindigt Massavana het gesprek. 'We houden jullie gevangen.'

De kisten worden nog verder opzijgeschoven en Rostock, Pelsaart en Jeronimus, gevolgd door Wouters en Meijer, lopen aarzelend door de gang in de richting van het dek. Jeronimus is doodsbang en verschuilt zich achter de brede rug van Wouters. Hij hoopt dat de slavenleiders zich aan hun belofte houden.

Aan het eind van de gang staan Massavana en Roesaaij hen op te wachten. In hun omgeving staan slaven opgesteld met speren in hun hand. Alle zeelieden worden nauwkeurig gefouilleerd op geweren en messen.

De twee slavenleiders lopen voor hen uit naar het dek. De zeelieden schrikken van de ravage die de helse storm op het schip heeft aangericht.

Xiomara, die op een afstand toekijkt, ziet tot haar blijdschap dat Jeronimus nog leeft.

'Er is heel wat werk aan de winkel', zegt Wouters, terwijl hij omhoog wijst naar de afgebroken mast en de rondslingerende stukken hout en zeil. 'Dit gaat dagen duren.'

Rostock stuurt de twee zeelieden het want in, om de schade

aan de zeilen te herstellen. Zelf gaat hij, in gezelschap van de twee slavenleiders, achter het roer staan.

Hij wijst op de zon en geeft aan in welke richting ze moeten varen om Madagaskar te bereiken. Roesaaij, die naast de stuurman bij het roer staat, knikt. Hij had bij het luchten al gezien hoe ze voeren ten opzichte van de zon. Nu varen ze in omgekeerde richting en dus de goede kant op naar zijn vaderland. Zwijgend luisteren beiden naar het eentonige geluid van de klapperende touwen tegen het hout en het kraken van het want.

Terwijl Pelsaart en Jeronimus kisten weer vastzetten, planken vasttimmeren, touwen in het want herstellen en talrijke scheuren in zeilen repareren, begint *De Meermin* op een zonnige dag aan de terugtocht naar Madagaskar.

Rostock vaart overdag noordoostwaarts. Roesaaij, die de hele tijd naast hem blijft staan, houdt de stand van de zon goed in de gaten.

De stuurman geeft na een paar uur het roer aan hem over om zijn vertrouwen te winnen. Met gebaren legt hij nogmaals uit in welke richting er gevaren moet worden. Hij gaat naast de slavenleider staan en knikt goedkeurend, als deze aan het roer draait en de koers van het schip van tijd tot tijd bijstelt.

Het schip zeilt tegen de wind in en schroeft zich met z'n voorsteven een weg in de golven van de spiegelende zee. De meeste slaven zitten op het dek en kijken vol verwachting in de richting van waar Madagaskar moet liggen. Af en toe klimt er een slaaf als een eekhoorn de mast in om te kijken of hij al een glimp van de kust kan zien.

Rostock glimlacht wanneer hij de slaaf hoofdschuddend langs de mast omlaag ziet glijden. Hij steekt drie vingers op.

'Nog drie dagen, als alles meezit', zegt hij tegen Roesaaij. Maar deze lijkt hem niet te begrijpen.

Langzaam valt de schemering en *De Meermin* kleurt donker tegen de paarsroze gloed van de horizon.

Jeronimus ziet dat de slaven op het dek zitten te eten. Hij heeft met Pelsaart de hele dag reparaties verricht. Overal waar hij gaat, wordt hij gevolgd door twee gewapende slaven. Maar dat deert de scheepsjongen niet. Hij moet gewoon zijn werk doen. Dat hoort bij het plan dat Leij heeft uitgedacht. Het is een gemeen plan, maar de enige manier waarop ze het er levend van af kunnen brengen. Maar hij is doodmoe en hij heeft honger.

Als hij, diep voorovergebogen, een van de losgeraakte planken in de hoek van het dek aan het vasttimmeren is, hoort hij dat er iemand vlak langs hem heen loopt. Dan valt er een portie rijst naast hem op de grond. Razendsnel grijpt Jeronimus de rijst van de vloer en stopt het in zijn mond. Dan kijkt hij op en ziet een glimp van een meisje naar het tussendek verdwijnen. Zou dat Xiomara geweest zijn?

Als de duisternis is ingevallen, worden de zeelieden onder begeleiding van de slavenleiders weer naar de kapiteinshut teruggebracht. Alleen stuurman Rostock blijft op het bovendek achter om het schip te besturen.

'En?' vraagt Leij aan de bemanningsleden.

'Alles verloopt volgens plan', zegt Wouters. 'De schade aan het schip is enorm. Maar we hebben het zeil aan de gebroken mast aangepast.'

'Rostock laat een van die slavenleiders af en toe zelf het schip besturen om zijn vertrouwen te winnen', grinnikt Meijer.

'We hebben nog een aantal dagen werk', zegt Pelsaart, 'maar de meeste schade is te herstellen.'

'Mooi', zegt Leij, die zich in z'n handen wrijft. 'Dat zijn goede berichten.'

De meeste slaven zijn gaan slapen in de hangmatten van de bemanningsleden. Degenen die geen hangmat hebben, slapen op hun matras op de vloer eronder of op het dek zelf. Hier en daar verlichten fakkels *De Meermin*, die deinend door de golven ploegt.

Aan het roer staat Rostock. De zon is al lang verdwenen. Roesaaij heeft hem een kommetje rijst gegeven om ook van zijn kant zijn goede wil te tonen. Zelf heeft hij een grote kom rijst en een beker wijn genomen. Hij zit naast de stuurman op een kist en dommelt af en toe weg. Rostock tuurt over de donkere zee, maar houdt tegelijkertijd de slavenleider naast hem scherp in de gaten. Zodra hij ziet dat de ogen van Roesaaij af en toe dichtvallen, draait hij zachtjes het roer om. Als de slavenleider wegdommelt, draait hij sneller aan het roer...

Als Roesaaij na een kwartier wakker schiet, wijst de stuurman hem op de sterrenhemel. Hij probeert duidelijk te maken dat ze zich, als het donker is, moeten richten op een bepaald sterrenbeeld.

'Kijk, die combinatie van sterren daar, die moeten we 's nachts steeds in de gaten houden. De sterren zijn de zeekaart van de nacht.'

Op die wijze koerst *De Meermin* precies de andere kant op. Niet meer noordoostwaarts, maar in zuidwestelijke richting, in de richting van De Kaap. Tegen de ochtend, wanneer de sterren verdwijnen, draait de stuurman het schip weer in de richting van Madagaskar...

De volgende ochtend komen de vier zeelieden vroeg het dek op om te werken. Wouters en Meijer die de zeilen bedienen, hebben van Leij de opdracht gekregen overdag de zeilen zo te plaatsen dat ze zo weinig mogelijk opschieten. Voordat ze terugkeren naar de kajuit moeten de zeelieden de zeilen zo hangen dat het schip 's nachts in zijn gewijzigde koers er het meeste voordeel van heeft.

Wanneer die avond de zeelieden weer teruggaan naar de schippershut, roept Massavana Leij en vraagt hem hoe lang het nog duurt voordat ze bij de kust van Madagaskar zijn.

'Dat moet je de stuurman vragen', antwoordt Leij. 'Dat kan ik van hieruit niet bepalen. Zal ik ook op het dek komen?'

'Nee, blijf maar beneden', antwoordt Massavana.

Massavana gaat naar het dek en stelt dezelfde vraag aan Rostock, maar die begrijpt hem niet. Roesaaij neemt het roer over en Massavana neemt de stuurman mee naar de gang bij de kajuit.

'Hij wil weten wanneer we de kust van Madagaskar bereiken', maakt Leij de stuurman duidelijk.

'Ik heb al planten en bamboestokken langs de boorden zien drijven', zegt de stuurman. 'Met deze wind zouden we er morgenavond kunnen zijn, misschien zelfs al eerder.'

Leij brengt de boodschap aan de slavenleider over.

Massavana keert met de stuurman tevreden terug naar het bovendek, waar Rostock het roer van Roesaaij overneemt. Deze legt zijn kameraad uit op welke wijze ze koers zetten naar hun vaderland. Massavana vertelt hem dat ze misschien de volgende avond al hun geliefde vaderland zullen bereiken.

Rostock kan een glimlach niet onderdrukken, als hij ziet hoe Roesaaij soms zelfs 's nachts af en toe het roer van hem wil overnemen om hem wat slaap te gunnen.

Wanneer hij wakker wordt, ziet hij tot zijn tevredenheid hoe nauwkeurig de slavenleider de juiste koers volgt aan de hand van de stand van de sterren.

Wat is het eigenlijk eenvoudig die slaven om de tuin te leiden en te laten geloven dat ze op weg naar huis zijn, denkt Rostock.

Bij het aanbreken van de dag zitten alle slaven al vroeg op het bovendek en kijken, doezelend in de opgaande zon, over zee naar de hemel. De korenblauwe hemel, die ze zo goed kennen van hun moederland. Massavana heeft hun gezegd dat ze misschien die avond terug zullen zijn in Madagaskar.

Aan het eind van de middag klimmen Wouters en Meijer, op een teken van de stuurman, hoog in het want. Wouters tuurt door een verrekijker over zee. Dan geeft hij de kijker aan Meijer en wijst naar voren.

'Land in zicht!' schreeuwt hij luid.

'Madagaskar!' brult Wouters.

11 Gezond weer op

'Zo, we houden ermee op voor vandaag. Het wordt al donker en
de ergste regen en wind zijn voorbij', bromt de visser.

Asiphe en Tom kijken verbaasd op. Ze hebben zo ingespan-
nen geluisterd dat ze helemaal zijn vergeten waar ze waren. Wat
een spannend verhaal!

'Hoe weet u dit allemaal?' vraagt Tom.

'Ik ben oud. Oude mensen weten veel', antwoordt de visser
raadselachtig. 'Jullie moeten naar huis, anders gaan jullie ouders zich echt zorgen maken.'

'Maar wanneer horen we de rest van het verhaal? Het is zó
spannend! Dat wilt u toch nog wel aan ons vertellen?' vraagt
Asiphe.

'Ja, ja. Kom morgenmiddag maar terug. Ik heb meestal rond
een uur of drie mijn vis wel weggebracht.'

Blij kijken Tom en Asiphe elkaar aan. Dat wordt een leuke
dag morgen!

Druk pratend lopen de jongens door de duinen naar huis. In
de verte zien ze een dansend lichtje op zee.

'Het lijkt net alsof De Meermin daar ligt!' zegt Asiphe.

Ze wisten wel beter. Het was een vissersschip dat er 's avonds
op uit trok.

De jongens zijn nog helemaal vol van het verhaal over De
Meermin.

'Wat een schurk is die Leij!' zegt Asiphe.

'Ja, maar hij is wel slim', antwoordt Tom.

'Vind je het slim om onschuldige mensen op te lichten?' zegt
Asiphe boos.

'Hij moest natuurlijk wel, want als hij zonder slaven bij De Kaap was teruggekomen, dan had de VOC hem vast gestraft', verdedigt Tom de koopman.

'Dat kan wel zijn, maar dan had hij die klus nooit aan moeten nemen!'

'Ja, dat vind ik ook', zegt Tom.

'Wat zou het geweldig zijn als we het schip van Jeronimus en Xiomara zouden vinden!' zucht Asiphe.

'Wie weet vinden we wel zo'n assegaai. Dan worden we rijk!' vult Tom aan.

De jongens komen als eerste langs het huis van Tom. Zijn moeder stond al op de uitkijk en rent naar buiten als ze de jongens ziet. 'Wat zijn jullie lang weggebleven! En nog wel in zulk noodweer. Ik heb me vreselijk ongerust gemaakt!' roept ze uit.

Tom antwoordt snel dat ze overvallen werden door het weer en dat door de storm hun mobiele telefoons niet werkten.

'Jullie moeten voortaan beter opletten hoor', zegt Toms moeder bezorgd.

Ze kijkt Asiphe aan.

'Blijf je eten, Asiphe?'

'Nee, ik moet ook naar huis', antwoordt hij.

Snel loopt Asiphe naar zijn huis. Maar in tegenstelling tot Toms moeder lijkt zijn moeder hem nauwelijks te hebben gemist.

'Loop je nog even langs de winkel voor een brood?' vraagt zijn moeder, als ze zijn aanwezigheid heeft opgemerkt.

'Nee, ik ga bij Tom eten', zegt Asiphe vlug.

'Ook goed', zegt Asiphes moeder afwezig.

Asiphe rent terug naar het huis van Tom, die al achter een bord rijst zit. Toms moeder schept ook voor hem een bord vol. Onder het eten raken de jongens niet uitgepraat over het verhaal van *De Meermin*. Ze zijn zo druk aan het praten dat ze hun honger helemaal vergeten.

'En nu eten jullie je bord leeg!' zegt Toms moeder op een gegeven moment streng. 'Denk maar aan die hongerige zeelieden en slaven op het schip!'

Vlug werken de jongens hun bord rijst naar binnen.

Ook 's nachts kunnen de jongens de geschiedenis van *De Meermin* niet loslaten. Asiphe droomt dat hij de truc van Leij als eerste doorheeft en het schip laat keren naar Madagaskar. Daarvoor wordt hij beloond door Xiomara... Tom droomt van woeste vechtpartijen waarbij hij de zeelui één voor één overwint.

'Ik ben heel benieuwd of de slaven er op tijd achterkomen dat ze niet bij Madagaskar zijn', zegt Asiphe de volgende dag tegen Tom in de klas.

'Ik hoop het wel', antwoordt Tom. 'Dan kunnen ze de zeelieden nog dwingen om terug te varen naar Madagaskar.'

'Zou het schip dat nog volhouden?' vraagt Asiphe zich af.

'Tuurlijk, Jeronimus en Pelsaart kunnen toch heel goed timmeren? Die hebben dat schip vast heel goed hersteld', zegt Tom hoopvol.

Opeens staat de leraar voor Toms tafel.

'Jij bent zo aan het kletsen, dat gaat vast over onze discussie over de VOC', zegt hij. 'Wanneer kwam de VOC naar Zuid-Afrika, Tom?' 'Eh, ergens in 1600?' doet Tom een poging.

'Dat klopt, maar honderd jaar is wel een beetje ruim', zegt zijn leraar spottend.

'Dat was in 1652. Jan van Riebeeck nam in 1652 namens de VOC het gebied van Kaap de Goede Hoop in gebruik. In de schaduw van de Tafelberg werd Kasteel van Goede Hoop gebouwd, waaromheen Kaapstad ontstond. Om op goedkope wijze de bevolking te voorzien van voedsel, werden door de VOC tuinen aangelegd voor het verbouwen van groente en fruit. In het binnenland hield men vee, al kocht men dit ook wel bij de lokale bevolking, de Khoikhoi, die toen Hottentotten werden genoemd.'

De leraar vertelt verder en Tom slaakt een zucht. Daar is hij mooi zonder strafwerk of nablijven van afgekomen...

De jongens zitten met moeite de lessen uit en rennen na schooltijd naar het Scheepswrakkenmuseum. Directeur David Benton had de jongens al verwacht.

'Je had helemaal gelijk, Asiphe!' roept hij de jongens enthousiast toe. 'Het lijkt er inderdaad op dat de slavenketting uit Kaapstad komt. Ik heb met het Iziko Museum* daar overlegd en zij willen de ketting graag onderzoeken.'

'Gaaf!' vindt Tom.

'Wij hebben gisteren ook een avontuur beleefd!' vertelt Asiphe enthousiast. 'Het ging opeens heel hard regenen en toen hebben we geschuild in het huisje van een visser in de duinen. Die visser heeft ons een heel spannend verhaal verteld over de kaping van het slavenschip *De Meermin*.

'Zo', zegt David die de metaaldetector van Asiphe in ontvangst neemt. 'Dat klinkt inderdaad spannend. Ik heb wel eens iets over *De Meermin* gehoord. Die moet hier ergens gestrand zijn.'

'We willen het schip zo graag vinden', zegt Asiphe. 'Mogen we de metaaldetector nog een keertje lenen?'

'Nou, vooruit dan maar. Omdat ik in zo'n goede bui ben', geeft David toe. 'Neem hem maar weer mee.'

De jongens gaan snel met de metaaldetector naar het strand.

'We moeten nog een uur wachten voordat we naar de visser toe kunnen', stelt Asiphe vast.

'Zullen we kijken of we iets kunnen vinden in de grot?' oppert Tom.

In de buurt van Waanhuiskrans is een gevaarlijke grot, die alleen bij eb bereikbaar is.

'Goed plan!' zegt Asiphe. 'Het kan best zijn dat er wrakstukken van het schip in de grot zijn achtergebleven. Maar we moeten wel heel goed opletten dat niemand ons ziet. Anders kunnen we het jutten voorlopig wel vergeten.'

De grot was verboden terrein voor bezoekers.

De jongens kijken goed om zich heen en rennen dan snel naar de grot toe. IJverig zoeken ze de hele grot af. Ze krijgen maar op één plek een signaal met hun metaaldetector. Met hun handen graven de jongens net zo lang in het zand totdat ze iets hards voelen. Asiphe trekt een langwerpig stuk ijzer tevoorschijn. Halverwege het stuk ijzer zit een scharnier. Opgewonden over deze vondst kijken de jongens elkaar aan, totdat Tom opeens merkt dat zijn voeten nat zijn.

'Het wordt vloed, Asiphe!' roept Tom naar zijn vriend. 'We moeten maken dat we hier wegkomen!'

Snel rennen de jongens naar het begin van de grot. Met het water tot aan hun knieën en de metaaldetector boven hun hoofd bereiken ze het veilige strand. De jongens lopen snel door naar het huisje van de visser.

Voordat ze de duinen inlopen, kijken ze nog één keer om naar de grot. Ze zien dat de grotopening al onder water verdwenen is.

'Oef, dat was net op tijd!' zucht Asiphe. 'We moeten echt oppassen met die metaaldetector, anders krijgen we 'm nooit meer mee!'

Als de jongens aankloppen bij het duinhuisje van de visser doet hij snel de deur open. Hij heeft al een ketel water op het vuur staan. 'Zo, zijn jullie daar weer. Alsof ik niets beters te doen heb', bromt hij tegen Tom en Asiphe.

Maar de jongens trekken zich weinig van het gebrom aan. Ze vermoeden dat hij het eigenlijk wel gezellig vindt dat ze langskomen. Waarom zou hij anders al thee aan het zetten zijn?

De jongens zijn nog heel erg opgewonden over hun vondst in de grot.

'Kijk eens wat we hebben gevonden!' roept Tom.

Hij laat het stuk ijzer aan de visser zien.

'Aha, dat is mooi gebleven', zegt hij.

'Wat is het dan?' vraagt Asiphe.

'Ik ben natuurlijk geen expert, maar als ik me niet heel erg vergis is dit het beslag van een scheepskist. En wel van een scheepskist van een voorname heer, niet van een gewone zeeman. Kijk maar wat een vakwerk.'

De visser laat het sierlijke scharnier aan de jongens zien.

'Kan dit van *De Meermin* komen, denkt u?' vraagt Asiphe.

'Dat zou best wel eens kunnen!' antwoordt de visser.

'Hoe liep het af met *De Meermin*, meneer?' vraagt Tom.

'Ah, zijn jullie nieuwsgierig?' vraagt de visser.

Hij kijkt de jongens aan en ziet dat ze heel graag willen horen hoe het avontuur afloopt. De visser schenkt drie koppen thee in en vertelt verder...

12 Omsingeld door boeren

'Madagaskar! Madagaskar', juichen de slaven op het schip.
Alle slaven rennen naar de voorplecht. Sommige klimmen
het want in en zien hoe de donkere lijn van de kust langzaam
meer zichtbaar en groener wordt. Xiomara loopt als een van de
laatsten naar de reling.
Natuurlijk is ze blij binnenkort weer echt vrij te zijn en weer
terug te kunnen keren naar haar dorp. Maar in welke toestand
zal ze haar dorp aantreffen en hoe zal ze verder moeten leven
na de dood van haar moeder en vader? Er is altijd wel een oom
en een tante bij wie ze in huis kan wonen, maar deze zullen hun
best doen haar zo snel mogelijk uit te huwelijken...
Stuurman Rostock geeft de slavenleiders te kennen dat de
zeebodem vanaf de kust langzaam afloopt.
'We moeten minstens honderd meter bij de kust vandaan
blijven om niet in het zand vast te lopen', geeft hij aan.
Massavana en Roesaaij halen voor het eerst koopman Leij uit
de kajuit. Onder strenge bewaking neemt hij naast de stuurman
op het dek plaats. Rostock herhaalt wat hij eerder heeft gezegd
en Leij vertaalt zijn woorden voor de slavenleiders.
'Jij moet het schip naar het houten fort varen', gebiedt Massavana. 'Dan pas laten we jullie vrij.'
'Ik zal doen wat ik kan', zegt Leij.
Ze varen nog een uur lang in noordelijke richting langs de
kust. Soms zien ze baaien, zandstranden en duinen, dan weer
dichte bebossing tot aan het water. Massavana en Roesaaij herkennen die kust niet van de keren dat ze met hun kano's op zee
hebben gevaren.

De slaven zingen een lied om de terugkeer naar hun moederland te vieren. Sommigen menen iets van hun omgeving te herkennen, maar anderen spreken dat weer tegen.

'Hoe lossen we het op met het fort?' vraagt de stuurman zachtjes aan Leij.

'Door te blijven varen en te blijven kijken doen we net alsof we ernaar op zoek zijn', antwoordt de koopman, terwijl hij met zijn ogen nauwkeurig de kust in de gaten houdt.

Een paar uur later wendt de koopman zich tot de slavenleiders:

'Jullie land heeft een heel lange kust. Het kan zijn dat we de kust ten noorden van het fort hebben bereikt. In dat geval zullen we het fort niet meer tegenkomen.'

De slavenleiders overleggen kort met elkaar. Ze voelen er niets voor het hele stuk weer terug te varen en misschien nog uren naar het zuiden te varen om het fort te vinden.

De drang om het schip te verlaten en weer voet te zetten op hun geboortegrond neemt met de minuut toe. Wanneer ze een kleine baai met zandstrand naderen, zegt Massavana: 'Gooi hier het anker maar uit.'

Wouters laat de ankerketting vieren en langzaam komt het schip tot stilstand. Stuurman Rostock werpt een snelle blik op de kaart. Als hij het goed gezien heeft, ligt het schip in de Struisbaai, vlakbij Kaap Agulhas. Ze zijn op ongeveer 145 km ten oosten van De Kaap uitgekomen.

Hij zet zijn vinger op die plek op de kaart en kijkt naar Leij. Deze ziet tot zijn genoegen dat ze niet al te ver van De Kaap zitten en geeft een knipoog naar de stuurman.

Massavana heeft de blik van verstandhouding en de knipoog tussen de zeelieden gezien, maar omdat hij niets van de zeekaarten begrijpt, weet hij niet wat ze bedoelen.

'Jullie werk is gedaan', zegt hij. 'Ik breng jullie terug naar de kapiteinskajuit.'

'Maar...', protesteert Leij terwijl hij zijn handen opheft.

Gewapende slaven komen dreigend dichterbij en Leij doet er het zwijgen toe.

'De schemering valt al in', legt Massavana uit. 'Het is nu te gevaarlijk het schip te verlaten. Dat doen we morgen.'

Dat is een streep door de rekening van de koopman, die stilletjes had gehoopt dat alle slaven in hun enthousiasme halsoverkop het schip zouden verlaten. In de duisternis zou helemaal niet te onderscheiden zijn of ze in hun vaderland waren of niet.

Even later is de situatie weer zoals vlak na de opstand. De slaven lopen juichend over het schip, de bemanning zit onder bewaking opgesloten in de hut van de kapitein.

'Het werd tijd', zegt De Leeuw, terwijl hij wijst op de lege zak waar geen aardappel meer in zit. 'We hebben alleen nog wat water en wijn te verdelen.'

Jeronimus heeft niet zo'n last van honger. Hij kreeg bovendeks af en toe wat extra rijst van Xiomara. Hij voelt medelijden met haar. Wat zal ze teleurgesteld zijn als ze te weten komt waar ze is. Teleurgesteld ook in hem. En ze heeft al zoveel verdriet moeten verwerken.

'Nu komt het belangrijkste', zegt Leij met gedempte stem. 'De slaven willen maar al te graag geloven dat we in Madagaskar zijn. De kust verschilt nauwelijks van die van Afrika. Maar de vraag is of ze morgen met z'n allen het schip zullen verlaten om naar hun dorp terug te keren.'

Jeronimus vraagt zich ook af wat de slaven nu zullen doen. Ze hebben alle macht in handen. Ze kunnen zelfs, als ze zouden willen, de schipperskajuit dichttimmeren en met zware kisten barricaderen om ze uit te hongeren. Of *De Meermin* nadat ze het schip hebben verlaten in brand steken, terwijl zij nog opgesloten zitten. Al die gedachten wisselen elkaar af in zijn hoofd. Hij valt pas na uren in slaap, temeer omdat de slaven die nacht luidruchtig feestvieren.

De volgende ochtend verzamelen Massavana en Roesaaij alle stamgenoten op het dek.

Massavana, die eerst van plan was alle sloepen in zee te laten zakken en met z'n allen het schip gelijktijdig te verlaten, heeft toch een beetje argwaan gekregen. Hij vraagt zich af wat de knipoog tussen de koopman en de stuurman te betekenen had. Ze kunnen niet om de tuin zijn geleid, want ze hebben dag en nacht naast de stuurman gestaan, maar toch... Na overleg met Roesaaij heeft hij besloten niet meteen met z'n allen *De Meermin* te verlaten.

'We zijn bijna terug in ons moederland', zegt hij tegen de slaven die op het dek om hem heen staan.

Gejuich klinkt op en sommige slaven beginnen spontaan te dansen.

'Wat gebeurt er?' vraagt Leij beneden in de schippershut.

Jeronimus steekt zijn hoofd uit het raam. Er staat deze keer geen slaaf aan de reling met een dreigende speer in zijn hand.

De scheepsjongen steekt nog verder zijn hoofd uit het raam. 'Ik geloof dat die ene slavenleider, Massavana, de slaven toespreekt.'

Leij staat vliegensvlug op, duwt Jeronimus weg bij het raam en steekt zijn hoofd zo ver mogelijk uit het raampje. Maar door de ruisende branding en het geroezemoes van de slaven kan hij alleen af en toe een paar woorden opvangen.

'Maar om er helemaal zeker van te zijn of we echt terug zijn in Madagaskar', gaat Massavana verder, 'en om er zeker van te zijn dat we niet in het gebied van een vijandelijke stam zijn terechtgekomen, sturen we vijftig man vooruit om poolshoogte te nemen.'

Onmiddellijk stapt een groot aantal sterke mannen naar voren om zich te aan te melden als verkenners.

Massavana wendt zich tot de verkenners.

'Jullie gaan in drie sloepen naar het strand en kammen de omgeving uit om vast te stellen of dit ons vaderland is en de kust veilig is voor ons allemaal. Als dat het geval is, steken jullie op de duinen drie vuren aan en komen jullie ons zo snel mogelijk ophalen. Roesaaij neemt de leiding over de verkenners. Ik blijf met de anderen achter om de zeelieden in de gaten te houden.'

De koopman trekt zijn hoofd terug in de kajuit. Hij heeft de woorden 'Madagaskar' en 'op de duinen drie vuren' opgevangen. Wat kan het verband daartussen zijn? Hij piekert zich suf, maar hij begrijpt niet wat die woorden met elkaar te maken kunnen hebben.

De verkenners weten niet hoe snel ze drie sloepen moeten laten zakken. Ze willen het liefst zo vlug mogelijk dit onheilsschip verlaten om er nooit meer naar terug te keren. Eenmaal in de sloepen kijken ze niet één keer om, hun ogen gericht op de vaste grond van de kust.

Wanneer ze op ongeveer vijftig meter afstand van de kust zijn, ziet Roesaaij een glimp van een zwarte jongen. Het is een varkenshoeder, die met een kudde varkens in de duinen loopt. Zodra hij de sloepen ziet naderen, vlucht hij de duinen in. Dat neemt bij Roesaaij de laatste twijfel weg...

De avond ervoor hebben boeren *De Meermin* al opgemerkt. Een van de varkenshoeders van Barend Geldenhuis is hem komen waarschuwen dat er een schip voor de kust voor anker is gegaan. Barend Geldenhuis bezit land dat vlak achter de duinen ligt. Hij vindt het vreemd dat het schip hier haar ankers heeft uitgeworpen. Want dit gebied staat bekend als zeer gevaarlijk door de hevige stormen en de verraderlijke stromingen. Hij pakt zijn verrekijker en klimt de duinen op.

Wat hij ziet vindt hij nog vreemder: op het schip lopen allemaal zwarten rond. Alsof zij de baas zijn op het schip. Wanneer hij zijn kijker omhoog richt om te zien onder welke vlag het schip vaart, kan hij geen vlag ontdekken. Wel ziet hij dat een van de masten is afgebroken. Misschien dat het schip na een storm een vluchtplaats zoekt om de schade te herstellen, maar iedere kapitein moet weten dat dit een verkeerde plek is om dat te doen. Zo ver is het niet meer naar De Kaap.

De boer gaat naar zijn buurman, Wessels Wesselsen.

'Misschien zijn het wel piraten', oppert Wesselsen, 'die vannacht onze boerderijen komen overvallen.'

'Of onze varkens komen stelen', zegt Geldenhuis.

'Dan is het beter de andere boeren ook te waarschuwen. Je weet maar nooit.'

'We moeten een ploeg vormen om vannacht het schip in de gaten te houden.'

Ze brengen landdrost* Jongemaat op de hoogte, die een zevental soldaten optrommelt. 's Avonds steken ze, in gezelschap van Geldenhuis en Wesselsen, de houten brug over de rivier de Heuningnest over en gaan achter de duinenrij liggen om *De Meermin* te bespioneren.

Ze begrijpen er niets van. Op het verlichte schip wordt door de zwarten de hele nacht zingend en dansend feestgevierd. Af en toe waaien flarden van hun gezang richting kust, maar ze kunnen de taal niet thuisbrengen.

In de ochtend komt de herder van Geldenhuis hen opnieuw waarschuwen dat een grote groep zwarte mannen in sloepen de kust nadert.

'We hebben ze al gezien. Breng de varkens naar de schuur.'

De slaven varen in de sloepen het strand op. Roesaaij stapt als eerste uit de boot, zijn speer in de aanslag. Hij hoopt dat de herder terugkeert zodat hij hem kan vragen waar ze zijn. Maar er is niemand te zien.

Ze trekken de boten een stukje het strand op en lopen in de richting van de duinen. Op de eerste duintoppen kijken ze om zich heen. De duinen zijn breed, maar in de verte menen ze iemand te zien lopen. Voor hen ligt een pad dat door de duinen leidt.

Waar een pad is, zijn mensen, denkt Roesaaij die voorop gaat.

Hij zwaait naar de achterblijvers op *De Meermin* en daalt af in een duindal. Uit het zicht van het schip lopen de verkenners in de richting van de bewegende figuur in de verte. Het is de zwarte herder die de varkens op stal zet.

Jongemaat ziet de groep slaven recht op zich afkomen. Hij heeft de soldaten en boeren om het duindal heen verdekt opgesteld. Als de slaven in het dal lopen, geeft hij een teken. Zijn manschappen staan plotseling op en houden vanaf de duintop de slaven onder schot.

'Halt!' roept Jongemaat. 'Geef jullie over!'

Roesaaij en de slaven kijken om zich heen. Vanaf de duintoppen rondom hen zien ze geweren op zich gericht. Geweren in handen van blanke mannen. Mannen met dezelfde huidskleur als de zeelieden op het schip. Dit kan Madagaskar niet zijn. Zijn ze dan toch in de maling genomen door die rat van een Leij? Dit kan niet waar zijn.

In een flits gooit een van de verkenners zijn speer omhoog in de richting van Jongemaat, maar hij wordt meteen onder vuur genomen en gedood. De verkenner naast hem valt ook dood neer. Als verstijfd blijven de slaven staan.

Roesaaij wil niet dat de hele groep op die manier wordt afgeslacht. Hij kent intussen de verschrikkelijke werking van geweren. Hij draait zich om naar zijn strijders en beveelt hen hun speren neer te leggen.

Met gebaren maakt Jongemaat duidelijk dat hij wil dat de speren door één persoon naar hem worden gebracht. Daarna laat hij een dolk zien. Roesaaij geeft als verdoofd de opdracht de dolken te verzamelen en laat die ook naar Jongemaat brengen.

Daarna dalen een paar soldaten af en boeien Roesaaij en de andere verkenners aan handen en voeten.

De slaven worden door de duinen over de houten loopbrug

over de rivier de Heuningnest geleid naar een tochtige schuur naast de boerderij van Geldenhuis. Ze worden met een lange ketting, die om ieders nek wordt gedraaid, vastgeklonken aan twee ijzeren ogen aan de wanden van de schuur. Twee soldaten houden voor de schuur de wacht.

'Geef de dorpssmid opdracht zo snel mogelijk lange kettingen te maken', beveelt de landdrost.

Daarna keert Jongemaat terug naar de duinen om te zien of er nog een lading zwarten het schip verlaat. Maar er gebeurt de verdere dag niets.

De schemering valt en Massavana vraagt zich af waar de verkenners blijven. Misschien moeten ze wel diep het binnenland in om vast te stellen of ze echt in Madagaskar zijn. Of hebben ze strijd moeten leveren tegen vijandige stammen?

Onder de achtergebleven slaven bespeurt hij een groot verlangen om ook het schip te verlaten. Hij kan zich goed voorstellen dat ze deze plek zo snel mogelijk achter zich willen laten. Hij kan zelf ook amper de verleiding weerstaan. Maar hij wil het teken van Roesaaij afwachten. Dat is het afgesproken teken dat alles in orde is. Dan weten ze het zeker. Maar waar blijven de drie vuren?

13 Flessenpost

Landdrost Jongemaat is geen man van halve maatregelen. Wanneer hij door de verrekijker ziet dat er nog veel meer zwarten op De Meermin rondlopen, stuurt hij onmiddellijk een koerier naar De Kaap. Deze moet de gouverneur vragen om zo snel mogelijk twee schepen naar de Struisbaai te sturen.

Hij heeft even overwogen vanaf het land een uitval te doen naar de schuit, maar is daarvan teruggekomen. Vanuit de drie sloepen die op het strand liggen en misschien nog een paar vissersbootjes kun je onmogelijk een aanval doen op het schip. Ze zouden een té gemakkelijk doelwit zijn van de speren.

In de kajuit drinken de zeelieden hun rantsoen van twee slokken wijn. Door het raam heeft Leij gezien dat lang niet alle slaven De Meermin hebben verlaten.

'Wat zijn ze in godsnaam aan het doen?' vraagt Muller ongeduldig.

'Ze zijn niet allemaal aan land gegaan', zegt Leij teleurgesteld.

Hij denkt weer aan de woorden van de slavenleider die hij heeft opgevangen: 'Madagaskar' en 'drie vuren'. Dan schiet het verband tussen die woorden hem te binnen.

'Ze sturen een aantal verkenners vooruit', zegt hij berustend tegen de bemanningsleden. 'Die verkenners moeten onderzoeken of ze werkelijk in Madagaskar zijn. Als dat zo is, steken ze drie vuren aan voor de achterblijvers op het schip.'

Alle zeelieden weten wat dat kan betekenen. Wat zullen de slaven doen als ze tot de ontdekking komen dat ze niet in Madagaskar zijn? Wat zal er met hen gebeuren als de verkenners terugkomen om te vertellen dat ze in de maling zijn genomen? Zullen ze in hun woede de kajuit bestormen en hen doden? Zullen ze als wraak het schip in brand steken?

'Ik hoor dat de wind weer toeneemt', merkt Muller op. 'Ik hoop niet dat er storm op komst is, want een schip voor anker is voor een storm een gemakkelijke prooi.'

Niemand reageert op zijn woorden. De meeste zeelieden hebben wel wat anders aan hun hoofd. En aan hun maag, waar de honger al dagen knaagt.

De schemering valt en de bemanning luistert in spanning naar de heviger wordende wind, de krakende spanten en het klagelijk gekrijs van zeemeeuwen in de lucht.

In de loop van de avond wakkert de wind nog verder aan. Van de zee jaagt hij over de duinen naar de boerderijen vlak achter de zandruggen.

Hij giert door alle gaten in de schuur van Geldenhuis en maakt een onheilspellend lawaai. In de schuur waar gewoonlijk de varkens worden ondergebracht, zitten nu de slaven dicht op elkaar op het bevuilde stro.

Ze zijn nog steeds verbijsterd: in plaats van de vrijheid in hun vaderland zijn ze opnieuw slaaf in een vreemd land. Sommigen huilen zachtjes, anderen kijken strak voor zich uit. De meeste slaven blijven de hele nacht wakker, angstig afwachtend hoe het verder zal gaan met hen en de achtergebleven stamgenoten op het schip.

Jongemaat en zijn legertje liggen opgesteld achter de duinen.

Deze avond is het schip spaarzaam verlicht. Er wordt geen feest gevierd. Af en toe zien ze een paar zwarten met een speer in de hand langs de reling lopen. Zij lijken het schip te bewaken. Ze begrijpen nog steeds niet precies wat er aan de hand is op het schip. Waar is de blanke bemanning gebleven? Is die vermoord en overboord gegooid? Ze hebben de gevangengenomen zwarten ondervraagd, maar ze zijn er niet veel wijzer van geworden. Wat is er gaande op *De Meermin*?

Als de schemering valt, verlaat de landdrost met zijn legertje de duinpan om naar huis te gaan. Een paar boeren geeft hij opdracht achter te blijven om 's nachts op het strand de wacht te houden. Hij wil weten of de rest van de zwarten in het nachtelijk duister voet aan wal zet.

Xiomara tuurt over de reling naar het strand, waar de groep verkenners achter de duinen is verdwenen. Ze begrijpt er niets van. Roesaaij en zijn strijders hadden al lang terug moeten zijn. Heel in de verte ziet ze een rookpluim naar de hemel opstijgen.

Ze wijst Massavana erop, maar deze schudt met z'n hoofd.

'Het moeten drie vuren zijn', zegt hij. 'En veel dichterbij op de duintoppen.'

Regelmatig komen de slaven in groepjes aan Massavana vragen wat er aan de hand kan zijn.

'We moeten geduld hebben', zegt de slavenleider steeds. 'Misschien hebben ze strijd moeten leveren met een vijandige stam.'

Dan gaan ze weer weg, maar komen na een paar uur opnieuw vragen wat er aan de hand is. Ze worden argwanend en onzeker.

'Kunnen we niet met een nieuwe groep aan land gaan?' oppert iemand.

'Dat kunnen we beter niet doen', werpt Massavana tegen. 'We moeten eerst meer zekerheid hebben.'

Uit verveling doen jonge slaven af en toe een wedstrijd wie het snelst in het want naar de allerhoogste ra* kan klimmen, die de kop van de duivel wordt genoemd.

Xiomara doodt de tijd door met een mes figuren in het dek te krassen. Ze is er uren mee bezig. Ze kerft twee figuren die haar moeder en vader voorstellen, in een plank naast de grote mast.

Witte figuren in donkerbruin hout... Af en toe lopen er tranen over haar wangen.

In de kajuit van de schipper is de spanning te snijden. Het eten is al een dag op. Het rantsoen van een slokje bedorven water drinken de zeelieden op, met de tanden op elkaar geklemd, om geen beestjes binnen te krijgen.

De zon schijnt onbarmhartig door de ramen van de kajuit. In de overvolle hut is de hitte bijna ondraaglijk geworden.

Jeronimus weet dat hun laatste uur heeft geslagen, als de slaven terugkomen met het nieuws dat ze zijn bedonderd.

Door de hitte in de hut dommelt hij af en toe in slaap. De belangrijkste herinneringen uit zijn jonge leven flitsen in zijn gedachten voorbij.

Hij ziet het lieve gezicht van zijn moeder die hem op schoot zet en met haar hand door zijn krullen gaat. Maar hij ziet ook het bleke gezicht van zijn moeder, bijna even wit als het laken waarop ze ligt.

Ook de blonde baard en het bruine gezicht van zijn vader die uitkijkt over zee, komen voorbij. Walvissen die hij een keer voor de kust van De Kaap zag spuiten. Dolfijnen die het schip op de heenreis een tijdje hebben begeleid. Het donkere slavenmeisje, Xiomara, dat naar hem glimlacht en expres eten voor hem laat vallen.

De zware stem van Gulik maakt een eind aan zijn dagdroom.

'Misschien moeten we uitbreken', oppert Gulik. 'Ik hou het hier niet meer uit.'

'Je weet hoe het de vorige keer is afgelopen', zegt Pelsaart. 'Wil je je andere oog ook nog verliezen? Die zwarten houden aan het eind van de gang voortdurend de wacht. We hebben geen schijn van kans. Wij zijn met z'n dertigen, zij nog met ruim zestig weerbare mannen en vrouwen.'

'En door het raam ontsnappen?' vraagt Gulik.

'Je mag het van mij proberen', antwoordt Leij. 'Maar als je alleen maar je hoofd uit het raam steekt, gooien ze al een speer naar je kop. Ze houden vanaf de reling de ramen steeds in de gaten.'

Dat lijkt Gulik toch ook geen aanlokkelijk vooruitzicht.

'We zitten allemaal in hetzelfde schuitje', zegt Leij zuur spottend. Er is niemand die erom kan lachen.

Boven horen de zeelieden opeens een luid tumult, veel geschreeuw en een doffe dreun. Jeronimus schrikt wakker uit zijn dagdromen. Zou de groep verkenners zijn teruggekeerd? Leij gluurt door een kier in de deur de gang op. Dan horen ze opeens een plons.

'Een van de slaven ligt in zee', zegt Jeronimus die door een raampje aan bakboord kijkt. 'Volgens mij is hij gedood, want hij drijft levenloos op het water.'

'De slaven zelf kunnen de spanning ook niet meer aan', vermoedt de koopman.

'Laten ze elkaar maar afmaken', zegt Meijer. 'Dan hoeven wij het niet meer te doen.'

'Laten we hopen dat het alleen maar een ruzie tussen de slaven is', zegt Leij.

De stilte keert terug op *De Meermin*, op het geklots van de branding tegen de boorden na.

'Je had het net over ontsnapping door het raam', zegt Leij opeens.

'Dat brengt mij op een idee. Als we eens een paar brieven opstellen, die we in een lege fles stoppen en uit het raam in zee gooien?'

'Wonen hier dan mensen in de buurt?' vraagt Jeronimus.

'We zitten niet ver van De Kaap', zegt schipper Muller. 'Er moeten boeren in dit kustgebied wonen.'

'Dan mogen die zwarten het niet zien', zegt Meijer. 'Anders vissen ze de flessen uit het water.'

'Dat is waar', zegt Jeronimus, 'Af en toe varen ze met een kano langs het schip om te kijken wat wij aan het uitspoken zijn. Het is beter om te wachten tot het donker is. Ik heb ze 's avonds nog niet rond de boot zien varen.'

'Goed idee', zegt Leij. 'En voor alle zekerheid kunnen we ze ook nog afleiden.'

'Hoe dan?' vraagt Jeronimus.

'We vragen of we de slavenleider kunnen spreken. Ik houd hem wel aan de praat, terwijl jij in de tussentijd de flessen in zee gooit.'

'En dan?' vraagt Wouters, die tot nu toe aandachtig heeft geluisterd.

'Afwachten en hopen dat iemand, wie dan ook, een van de flessen vindt en hulp zoekt', legt Leij uit. 'We weten niet wat er aan de hand is. We weten niet waarom de slaven nog niet terug zijn. Misschien zijn ze opgepakt of gedood door boeren uit de omgeving, wie zal het zeggen? Maar het minste wat we kunnen doen is proberen contact te krijgen met de mensen die hier wonen. We kunnen hun vertellen dat we op ons eigen schip door slaven worden gegijzeld. Dan kunnen ze vanaf de kust misschien een aanval op *De Meermin* ondernemen om ons te redden.'

Elk bemanningslid vindt het een goed voorstel.

'Hoeveel flessen zijn er?' vraagt Leij aan Muller.

'Ik had vijf flessen wijn naar de kapitein gebracht', zegt De Leeuw.

'Waar zijn die?' vraagt de koopman.

'Die liggen onder in de kast in de hoek.'

'Kunnen we het wijnvat zelf niet gebruiken?' stelt Wouters voor. 'Dat valt op als het aanspoelt.

'Ja, maar het valt ook op in zee', zegt Leij. 'Als de slaven dat zien drijven, denken ze misschien dat er nog wijn in zit. Dan gaan ze hem misschien ophalen en openmaken.'

'Maar ze kunnen toch niet lezen?' zegt Meijer.

'Nee, dat is wel zo, maar ik denk dat ze dan toch onraad ruiken.'

Jeronimus heeft intussen de flessen op tafel gezet.

'Als jij de binnenkant van de flessen zo droog mogelijk maakt, ga ik een brief opstellen.'

De kapitein scheurt een aantal vellen uit zijn logboek* en legt die op de tafel waarachter de koopman plaatsneemt. Deze pakt een ganzenveer, snijdt hem scherp, doopt hem in de inkt en begint te schrijven.

Hij schrijft de woorden snel op papier. Af en toe leest hij de zinnen die hij opschrijft hardop voor:

De slaven hebben verschillende aanvallen ondernomen om de kajuit te veroveren, maar tot nu toe hebben we hun woeste bestormingen manhaftig weten te weerstaan...

Jeronimus kijkt op naar de anderen. Bestormingen van de kapiteinshut? De slaven hebben een paar keer een speer tegen de deur gegooid om duidelijk te maken dat ze op hun hoede zijn. Maar dat was alles. En zo dapper was de bemanning niet. Maar niemand van de zeelieden reageert.

De koopman schrijft driftig verder en zet onderaan de brief in sierlijke letters zijn naam.

Hij schrijft nog vier keer dezelfde brief. Dan rolt hij elke brief op en bindt die vast met een rood lint. Hij stopt ze één voor één in de flessen en duwt de kurken er stevig op.

Ze wachten tot de duisternis is ingevallen. Dan bonst de koopman op de deur en roept door de kier van de deur om slavenleider Massavana. Deze houdt met een tiental strijders op het dek de wacht. Even later staat hij aan het eind van de gang naar de schippershut.

'Ja, wat is er?' roept Massavana.

'Ik wil je spreken.'

'Daar ben je al mee bezig. Ga je gang.'

Leij geeft een teken dat de flessenpost over boord gegooid kan worden.

'Waarom moet het zo lang duren voordat wij ons schip terugkrijgen? We zijn toch terug in Madagaskar.'

'We wachten tot de groep verkenners terug is.'

Heel voorzichtig duwt een van de zeelieden een raam aan de achterzijde van het schip open. Jeronimus steekt zijn hoofd zover mogelijk door het raampje en kijkt schuin omhoog om te zien of een van de slaven aan de reling staat. Dan laat hij de eerste fles in het water vallen. De zeelieden horen even later een kleine plons. Maar door de wind en de branding is het nauwelijks hoorbaar.

'Onze kapitein zegt dat de kiel van ons schip door de branding in het zand komt te liggen. Dan kunnen we het schip niet meer weg krijgen.'

'Jullie krijgen je schip terug als onze krijgers met goed nieuws terugkomen en wij allemaal het schip hebben verlaten. Het is niet onze schuld dat jullie het fort hebben gemist en we in deze situatie zijn beland.'

Leij luistert amper naar de slavenleider. Hij kent het antwoord al.

'Maak nu maar een van de ramen aan stuurboord open', beveelt hij zachtjes aan Jeronimus. 'We moeten het aan alle zijden proberen.'

De scheepsjongen laat twee flessen langs stuurboord in het water vallen.

'En als ze niet terugkeren?' roept Leij.

'Ze komen terug', zegt de slavenleider beslist.

Jeronimus loopt snel naar de andere kant van de kajuit en gooit de overgebleven twee flessen aan bakboordzijde in de zee. De koopman draait zich om en de scheepsjongen gebaart dat alle vijf flessen in zee liggen.

'Nog wat?' vraagt Massavana ongeduldig.

'Nee.'

Dan draait de slavenleider zich om en keert met zijn volgelingen terug naar het dek.

Jeronimus en de andere zeelieden kijken door het raam naar de flessen in het water. In de branding van witblauwe schuimkoppen dansen de flessen op het water. Ze lijken zich niet te verplaatsen. Drijven ze de zee op of naar de kust? Jeronimus kiest een vast punt om naar te kijken en ziet tot zijn voldoening dat de branding greep heeft gekregen op de flessen. Langzaam maar zeker drijven de flessen, met de hals boven de golven uitstekend, van het schip af in de richting van het strand.

14 De drie vuren

Langzaam maar zeker dobberen de vijf flessen naar het strand. Ze drijven steeds verder van elkaar weg en bereiken tientallen meters uit elkaar de kust. Sommige blijven aan de vloedlijn in het water drijven. Andere flessen worden door een hoge golf op het strand gespoeld.

Buiten het gezichtsveld van de slaven op het schip lopen een paar boeren in het nachtelijk duister de kleine baai op en neer. De landdrost, die in het huis van Geldenhuis verblijft, heeft hun opdracht gegeven hem onmiddellijk te waarschuwen als de slaven aanstalten maken het schip te verlaten.

Wesselsen loopt op het harde, natte zand vlak langs de waterlijn. Af en toe kijkt hij naar het donkere silhouet van *De Meermin*. Er branden een paar fakkels op het schip. Soms ziet hij vaag een figuur, maar hij kan zich ook vergissen. Houden zij ook de wacht?

Uit verveling schopt hij tegen een fles, die door de aanrollende golven op het zand is geduwd. De fles rolt een paar meter bij hem vandaan. Hij besteedt er verder geen aandacht aan.

Wanneer hij een stukje verder weer een fles op het strand ziet liggen, geeft hij er opnieuw een trap tegen. Deze fles is zwaarder dan de vorige en hij wrijft over zijn wreef die pijn doet. Hij kijkt nog eens naar de fles en ziet dat er iets wits en roods in zit. Hij pakt de fles op en bekijkt hem nog eens goed. De fles is voor de helft gevuld met zeewater maar in het water steekt een opgerold papier, vastgebonden met een rood lint. Met een flinke ruk trekt hij de kurk uit de fles en haalt het papier eruit. Hij schuift het lint van het papier af en vouwt het papier open. Het zeewater is in het papier getrokken en alle inkt is doorgelopen waardoor de brief onleesbaar is geworden.

Het is een brief, denkt Wesselsen, ook al kan hij niet lezen. Maar waar komt die vandaan?

Dan kijkt hij naar het schip dat in het zwakke maanlicht in de baai deint. Zou de brief misschien afkomstig zijn van het schip? Maar van wie dan? Zwarten kunnen niet schrijven...

Dan herinnert hij zich dat hij kort daarvoor ook al een fles op het strand heeft zien liggen. Hij loopt terug en pakt de fles op, maar ook in deze fles is zeewater gekomen en de inkt doorgelopen. Hij loopt verder en speurt het strand af om te kijken of er nog een fles is aangespoeld.

Na een poosje vindt hij een derde fles. En deze fles lijkt van binnen droog gebleven. Snel trekt de boer de kurk van de fles en keert de fles ondersteboven. Een droge rol valt uit de fles in zijn hand. Hij maakt de knoop los en vouwt het papier open. Hij stopt de brief terug in de fles en rent ermee door de duinen over de houten rivierbrug naar de boerderij van Geldenhuis, waar de landdrost logeert.

Hij aarzelt om op de deur te kloppen. Zal het zo belangrijk zijn dat hij de nachtrust van de landdrost hiervoor moet verstoren? Hij trekt zijn opgeheven hand weer in. Maar als het wel van het grootste belang is?

Hij klopt op de deur en even later verschijnt Geldenhuis.

'Ik heb een brief gevonden op het strand', zegt Wesselsen, terwijl hij de rol laat zien. 'Er waren nog meer flessen met zo'n rol, maar die brieven waren onleesbaar geworden door het zeewater.'

'Ik ga de landdrost meteen wakker maken. Kom binnen, Wesselsen.'

Jeronimus kijkt door een van de ramen naar de zee, waar de zon in de ochtendschemering de lucht paarsrood kleurt. Hij heeft, evenals de andere bemanningsleden, al een paar dagen niet gegeten. De avond ervoor hebben de zeelieden een laatste slokje wijn gedronken. De scheepsjongen voelt zich met het uur slapper worden. Het is veel te benauwd in de kajuit voor zoveel man en het stinkt naar zweet en ongewassen kleren.

Hij kan nauwelijks meer normaal denken en terwijl hij in de verte over zee tuurt, begint hij waanvoorstellingen te zien: blauwe druiven in de zee, een bloedsinaasappel in de zon en helder bronwater op de toppen van de golven.

Landdrost Jongemaat stapt zijn bed uit, kleedt zich snel aan en neemt het papier van Wesselsen over. Hij rolt het lint van de brief en begint hardop te lezen:

Voor wie dit leest,

Deze brief is afkomstig van ons schip De Meermin *dat u zo'n honderd meter uit de kust ziet liggen.*

Ik ben koopman Olof Leij en doe dienst op dit schip. Ik doe een dringend beroep op u om ons te helpen. Maar leest u vooral eerst deze brief door waarin ik u onze benarde situatie zal uitleggen.

Wij hebben in opdracht van de VOC op De Kaap honderdveertig slaven gekocht in Madagaskar. Een week geleden zijn de slaven onverwacht in opstand gekomen en hebben na een bloedige strijd met onze bemanning het schip overgenomen. Dertig moedige zeelieden zijn gesneuveld in hun dappere strijd het schip voor de VOC te behouden. We zijn nog met dertig man over, de slaven vermoedelijk met ongeveer honderd man.

Wij, de rest van de bemanning, waaronder kapitein Muller en stuurman Rostock, hebben ons in de kajuit van de kapitein moeten terugtrekken, die we hebben gebarricadeerd. De slaven hebben verschillende aanvallen ondernomen om de kajuit te veroveren, maar tot nu toe hebben we hun woeste bestormingen manhaftig weten te weerstaan.

126

We hebben tevergeefs verschillende uitvalspogingen gedaan om het schip weer in handen te krijgen. We hoopten door mid del van een explosie van een kruitvat de slaven zoveel schrik aan te jagen dat we van de verwarring gebruik konden maken De Meermin *weer in bezit te krijgen. We hebben hen schrik aange jaagd en er was heel veel verwarring onder de slaven, maar ze waren met zo velen dat het ons uiteindelijk toch niet is gelukt. We hebben ons wederom teruggetrokken in de kapiteinshut en daarna nog een uitbraak gedaan om de slaven schietend te over meesteren. Ook deze poging mislukte jammer genoeg ondanks de onverschrokkenheid van onze bemanning. De overmacht van de slaven was te groot.*

Maar gelukkig hadden de slaven ons nodig om het schip te be sturen. Tijdens een verschrikkelijke storm dreigde het schip met man en muis te vergaan. Daarna kwamen ze ons om hulp vra gen. Ik heb met hun leiders hard onderhandeld en die gesprek ken hebben voor de VOC *een gunstig resultaat opgeleverd. Wij beloofden hen terug te brengen naar Madagaskar en aan hen hun vrijheid terug te geven in ruil voor teruggave van* De Meer min. *Dat hebben ze aanvaard. Onze stuurman Rostock keerde terug op zijn post aan het roer.*

Maar omdat de slaven nauwelijks weten in welke richting een schip op volle zee vaart, hebben we ze om de tuin geleid. Over dag voeren we zogenaamd terug naar hun vaderland, maar 's nachts keerden we De Meermin *en zetten koers naar De Kaap. De slaven trapten er in.*

Op die manier hebben we Afrika bereikt en liggen hier nu voor anker. Volgens onze stuurman zitten we niet al te ver van De Kaap. De slaven denken dat ze zijn teruggekeerd in Mada gaskar. Ze hebben een groep verkenners eropuit gestuurd om er helemaal zeker van te zijn dat dit land inderdaad hun vader land is.

Deze verkenners zijn nog niet teruggekomen. Ze zitten nog in het binnenland of ze zijn gevangengenomen. In ieder geval zijn ze nog niet op De Meermin *teruggekeerd.*

Maar nu komt het belangrijkste. De achtergebleven slavenleider heeft met de aanvoerder van de verkenners de volgende afspraak gemaakt: de verkenners zullen bovenop de duinen drie vuren aansteken om hun medeslaven op het schip te laten weten dat ze echt in Madagaskar zijn.

Wie deze brief ook vindt, breng hem naar de landdrost of steek desnoods zelf drie vuren aan om ons te redden. Dan denken de achtergebleven slaven dat ze in hun moederland terug zijn en zullen ze het schip waarschijnlijk zo snel mogelijk verlaten om aan wal te gaan. Dan kunnen wij De Meermin *weer in bezit nemen.*

Help ons, want we zitten al meer dan week gevangen in de kajuit van de kapitein. De laatste paar dagen hebben we zelfs geen voedsel meer tot onze beschikking. We zijn ten einde raad en houden het niet lang meer vol.

Ik smeek u: steek zo snel mogelijk drie vuren aan!!

Olof Leij
Koopman op De Meermin

De drie mannen kijken elkaar aan. Nu begrijpen ze waarom een eerste groep slaven aan land is gegaan en waarom de overige slaven nog steeds op het schip zijn: ze wachten op nieuws van hun verkenners.

'Zo', zegt de landdrost, terwijl hij met zijn hand over zijn stoppelige kin wrijft. 'Deze brief verklaart alles. Begin maar sprokkelhout te verzamelen. We zullen het spel meespelen en die opstandige zwarten een lesje leren.'

Terwijl de zon aan de horizon klimt en een stralend blauwe dag aankondigt, sluipt Jongemaat met zijn manschappen door de duinen. Hij gaat achter de voorste duintoppen liggen.

'Verspreid het hout over die drie duintoppen', wijst hij. 'Maar zorg ervoor dat je niet wordt gezien.'

Drie soldaten beklimmen de duintop en schuiven het verzamelde hout naar voren op de top. Van achter de heuvel werpen ze grote takken op de hoop, totdat er drie flinke stapels brandhout op de duintoppen liggen.

'Steek maar aan', gebiedt de landdrost.

De drie soldaten steken een lont aan en leggen dat in de takkenbos. Bijna tegelijkertijd vatten de stapels sprokkelhout op de heuvels vlam en na een paar minuten laait het vuur hoog op vanaf de duintoppen. Het is in de wijde omgeving zichtbaar.

Terwijl de vlammen hoog opspringen, spieden de boeren en soldaten tussen de duinhelm door naar de licht deinende *Meermin* op de blauwgroene oceaan.

De reactie op *De Meermin* laat niet lang op zich wachten. De landdrost en zijn manschappen horen een langgerekte kreet en daarna stijgt er een gejuich op dat tot in de verre omtrek te horen is. Het dek stroomt vol met slaven die een danklied aanheffen.

Massavana ziet de drie vuren op de duintoppen waarop hij zo lang gewacht heeft. Maar toch aarzelt hij. Waarom ziet hij naast de vuren geen dansende verkenners? Waarom ziet hij zijn strijders niet naar de sloepen op het strand rennen om hen op te halen? Waarom heeft het zo lang geduurd voordat de vuren werden ontstoken?

Maar dan kijkt hij naar de blijdschap op de gezichten van zijn uitbundige stamgenoten. Hij neemt de beslissing hen niet nog langer op de proef te stellen.

'Snij de ankertouwen maar door', beveelt hij.

Even later komt *De Meermin* in beweging en drijft, schurend over het zand, heel langzaam dichter naar het strand.

'We bewegen', zegt Jeronimus, die, evenals de meeste zeelieden, weer in slaap is gedommeld.

'Geloof je het zelf?' zegt Wouters.

'Ja, kijk maar, de kust komt dichterbij!'

Leij staat op en loopt naar een van de ramen.

'Wel, alle mirakels!' roept hij verbijsterd uit.

Hij kan zijn ogen niet geloven. Op drie duintoppen laait het vuur hoog op.

'Er branden drie vuren op de duinen', zegt hij, terwijl hij zich naar de bemanning omdraait. 'Zullen ze de flessenpost hebben opgepikt?'

'Wat doen ze nu?' roept Rostock uit, die ook wakker wordt en het schip moeizaam over het zand voelt slepen. 'Het schip schuurde op de ankerplaats al over de zeebodem. Als het nu vastloopt, krijgen we het in geen duizend jaar meer uit het zand.'

Maar zijn woorden zijn tegen dovemansoren gericht.

'Er branden drie vuren op de duinen', herhaalt de koopman.

Alle zeelieden staan op en kijken vol ongeloof naar de brandende vuurstapels.

'Ik denk dat we gered zijn. De slaven laten het schip naar de kust drijven.'

'Waarom doen ze dat?' vraagt Wouters.

'Ze hebben niet genoeg sloepen voor alle slaven die nog aan boord zijn. Ze willen zo snel mogelijk van het schip af', antwoordt Leij.

'En het schip dan?' vraagt de schipper, die zich meer verantwoordelijk voelt voor het schip dan voor zijn bemanningsleden. 'Ze zouden ons ook het schip teruggeven!'

'Wij hadden beloofd hen naar Madagaskar terug te brengen. Dat doen we ook niet. Laten we hopen dat degenen die de vuren hebben aangestoken de slaven een verrassend onthaal bieden', grijnst de koopman, die allang blij is dat er redding in zicht is.

Hij steekt zijn hoofd uit het raam. Hij hoeft niet meer bang te zijn dat een slaaf langs de reling klaarstaat om een speer naar het raam te werpen. Alle slaven staan dansend en juichend op de voorplecht en kijken naar de vuren op de naderende kust.

Op vijftig meter afstand van de kust strandt *De Meermin* op een zandbank in de branding. Het schip ploegt met zijn kiel een diepe gleuf in het zand en komt dan trillend tot stilstand.

Er zijn nog twee sloepen aan boord en twee kano's, die Leij als souvenir heeft meegenomen. Deze worden halsoverkop te water gelaten. De eerste slaven klauteren langs de touwladders omlaag en nemen plaats in de kano's. De vrouwen en meisjes nemen plaats in de sloep.

Maar voor de meesten van hen, waaronder Xiomara, is er nog geen plaats in de boten. Ze wachten langs de reling tot de sloepen terugkeren.

De slaven die kunnen zwemmen, willen niet op de sloepen wachten. Ze springen vanaf de reling in de branding en zwemmen in de richting van het strand. Anderen zijn voorzichtiger en laten zich langs de loshangende ankertouwen in het water glijden.

Massavana peddelt in de voorste kano naar het strand. Hij vaart een aantal zwemmende stamgenoten voorbij en lacht naar hen. De spartelende zwemmers zwaaien terug en slaan van blijdschap met hun handen in het water. Over een paar minuten zullen ze eindelijk weer terug zijn in hun geliefde vaderland...

15 In de val

Massavana stuurt de kano met een laatste krachtige peddelslag het strand op. Hij stapt als eerste uit de kano. De andere kano en de sloepen bereiken kort daarna het strand en de stamgenoten voegen zich bij hun aanvoerder. De slavenleider kijkt om zich heen. Hij is verbaasd dat Roesaaij en zijn verkenners hen niet opwachten en verwelkomen. Waar zijn ze? Waarom is er niemand? Maar op de voorste duinenrij branden de drie vuren waarvan de rode vlammen zich hoog tegen de blauwe hemel aftekenen.

Terwijl de sloepen en de kano's terug het water in worden geduwd om de laatste groep landgenoten op te halen, zet Massavana zijn hand aan de mond en roept Roesaaij. Er volgt geen ander antwoord dan alleen de echo van zijn eigen kreet.

Jongemaat loert door de struiken achter de voorste rij duinen en ziet de aarzeling bij de slaven. Hij geeft een teken aan de zwarte herder, die met een aantal varkens in het duindal achter hem staat. Deze jaagt onmiddellijk zijn varkens de duinheuvel op in de richting van het strand. Wanneer de herder zelf op de duintop staat, houdt hij even in.

'Zwaaien!' beveelt de landdrost de herder.

Omdat de afstand nog redelijk ver is, zwaait de herder met twee handen hoog in de lucht naar de opstandelingen op het strand.

Dat neemt de laatste twijfel weg bij Massavana en zijn volgelingen.

De slavenleider rent over het strand in de richting van de vuren op de duinen met in zijn kielzog zijn juichende strijders.

'Kom nu maar terug!' roept Jongemaat tegen de herder, die de varkens in de steek laat en zelf weer achter het voorste duin verdwijnt.

In gezelschap van de landdrost en zijn soldaten rent hij door het duindal terug om zich op te stellen achter de tweede rij zandheuvels. Even later geeft de landdrost de zwarte herdersjongen opdracht over het pad door de duinen in de richting van de boerderij van Geldenhuis te lopen.

Massavana rent tussen de varkens door de duintop op en blijft staan bij het middelste vuur. Waar is de schaapherder opeens gebleven?

Dan ziet hij de zwarte jongen weer die verderop in de duinen loopt.

Hij roept hem, maar de schaapherder lijkt hem niet te horen. Massavana daalt van de duintop af om de herder achterna te gaan...

De bemanning in de kapiteinshut heeft de sloepen en de kano's naar het strand zien varen. Leij ziet dat ook de slavenleider zelf in een van de kano's plaatsneemt. De koopman rekent uit dat er nog ongeveer twintig à dertig slaven, voornamelijk vrouwen, aan boord moeten zijn.

'Er zullen nog wel een paar bewakers zijn', zegt hij, 'maar als we een uitbraak willen doen om het schip weer in bezit te krijgen, dan moeten we het nu doen. Ik denk niet dat er nu veel aandacht voor ons is.'

Hij gluurt door de kier van de deur.

'Er staat geen wacht meer op het eind van de gang', zegt hij. 'En bij de reling?'

Jeronimus steekt zijn hoofd uit het raam.

'Ook niet.'

Dan kijkt hij naar het strand.

'Ze duwen de boten weer het water in.'

'Ze komen de laatste groep slaven ophalen', zegt de koopman. 'Dus als we iets willen, moet het nu gebeuren.'

Hij kijkt in het rond.

'Ik doe mee', zegt Wouters. 'Zo'n kans krijgen we nooit meer.'

Kapitein Muller knikt, evenals de andere bemanningsleden.

Leij deelt geweren uit aan kapitein Muller, bottelier De Leeuw, stuurman Rostock en de matrozen Gulik, Wouters en Meijer. De rest van de bemanning moet het doen met messen. Jeronimus steekt het mes bij zich. Hij stelt zich op achter de bemanningsleden die een geweer dragen. Hij huivert bij de gedachte zo dadelijk misschien een gevecht van man tot man te moeten aangaan met een slaaf. Hij heeft Xiomara nog niet zien vertrekken. Hij hoopt dat ze niet meer aan boord is. Stel je voor dat zij, gewapend met messen, tegenover elkaar zouden komen te staan...

'Schuif de kisten zo zachtjes mogelijk opzij', beveelt Leij. 'Til ze maar op.'

Samen met drie maten tilt Jeronimus de kisten één voor één opzij. De grote, sterke Wouters gaat voorop. Heel voorzichtig opent hij de deur van de kajuit. Aan het eind van de gang is nog steeds niemand te zien. Eén voor één sluipen de zeelieden achter hem aan de kajuit uit de gang op in de richting van het dek...

Achter de met helm begroeide duintoppen liggen de soldaten en de boeren met hun geweren klaar en zien een grote horde zwarten op zich afkomen.

De landdrost volgt dezelfde tactiek als de vorige keer. Zijn manschappen liggen in een halve cirkel achter de zandheuvel rond een duindal, waar het pad naar de boerderij doorheen loopt.

Massavana staat op de duintop en ziet de herder verderop op het pad lopen in de richting van de houten brug over de rivier. Hij loopt met zijn groep het duindal in.

Wanneer de slavenleider beneden in het duindal staat, geeft de landdrost een teken om tot de aanval over te gaan.

'Halt!' schreeuwt hij, terwijl hij opstaat en zijn geweer op de slavenleider richt.

In een mum van tijd zien de slaven overal om zich heen witte mannen verschijnen met een geweer in de aanslag.

In een flits begrijpt Massavana hoe de vork in de steel zit. Dit moet de verkenners ook zijn overkomen. Vandaar dat er niemand op het strand was. Die vuren zijn het werk van de witten geweest. Maar hoe konden ze dat weten? De diepe teleurstelling die hem overvalt is zo groot dat hij geen aanstalten maakt in de tegenaanval te gaan. Hij ziet hoe de leider van de witten het geweer op hem gericht heeft. Om bloedvergieten te voorkomen, gooit hij zijn speer een stuk van zich af. Hij beveelt zijn strijders hetzelfde te doen.

Een van de slaven doet net alsof hij zijn speer van zich afgooit en werpt deze omhoog naar de landdrost. Onmiddellijk wordt het vuur op hem geopend en een ogenblik later valt de strijder dood neer. Jongemaat gebiedt de slaven één voor één naar boven te komen, waar ze stevig worden geboeid en aan elkaar worden vastgemaakt.

Hij geeft een paar soldaten opdracht de slaven af te voeren naar de boerderij van Geldenhuis.

'En nu vlug naar het strand om de rest op te vangen', zegt hij. Terwijl de slaven in een lange rij onder bewaking door de duinen over de brug naar de boerderij van Geldenhuis lopen, sluipt de landdrost met zijn mannen weer terug naar de duinen, waar de vuren bijna zijn uitgedoofd.

Wouters en de anderen lopen gebukt naar het eind van de gang, vanwaar ze het dek kunnen overzien. Een groep van ongeveer vijfentwintig slaven staat aan de reling over het water uit te kijken naar de naderende boten. De meesten van hen zijn vrouwen. De zeeman ziet dat er nog vijf gewapende slaven rondlopen.

Hij draait zich om naar Leij.

'Wat doen we? Schieten we ze dood?'

Leij denkt aan zijn koopwaar en schudt zijn hoofd.

'We bestormen het dek. Maar als ze in de tegenaanval gaan, schieten we.'

Zijn woorden worden doorgeven aan elk bemanningslid. Op het moment dat in de duinen een schot hoorbaar is, steekt Wouters zijn hand op, slaakt een luide kreet en stormt het dek op. Een paar tellen later staan zijn maten naast hem met hun geweren op de slaven gericht.

Een paar bewakers beseffen hun fout en grijpen naar hun assegaai. Maar voordat ze hun armen kunnen opheffen om hun speer naar de zeelieden te werpen, worden ze door een geweerschot getroffen en zakken ze in elkaar. Andere slaven en slavinnen, onder wie Xiomara trekken een mes.

De koopman voorziet een bloedbad of, nog erger, verlies van kostbare koopwaar, als de slaven weigeren zich vrijwillig over te geven.

'Stop met vechten!' roept hij tegen de slaven. 'Jullie stamgenoten zijn ook al gevangengenomen, evenals de eerste groep verkenners. Hebben jullie geen schot gehoord?'

De slaven draaien zich om naar de kust. Massavana is in de duinen verdwenen. Op het strand is niemand meer te zien.

'Jullie leiders zijn al in onze handen. Het is beter je niet dood te vechten. Wat heeft dat voor zin? Als jullie de wapens neerleggen, beloof ik jullie dat jullie je vrijheid terugkrijgen.'

Schipper Muller en de zeelieden kijken Leij verbaasd aan. Hoe kan de koopman dat nu beloven? Jeronimus kijkt er niet eens meer van op. Hij gelooft er niets van. De praatjes van de koopman zijn altijd glad als slijm.

Intussen zijn de sloepen en kano's langszij gekomen. De roeiers roepen naar hun stamgenoten dat ze in de boten kunnen plaatsnemen.

'Als er geen reactie komt, komen ze wel de touwladders op. Neem ze dan onder schot', zegt Leij tegen Wouters en Meijer.

Een ogenblik later richt hij zich weer tot de slaven.

'Ja, jullie krijgen jullie vrijheid terug. Jullie vrijheid als slaaf, want eigenlijk zouden we jullie allemaal moeten doden omdat jullie in opstand zijn gekomen. Muiterij op een schip is een van de zwaarste misdaden. Op De Kaap word je voor minder opgehangen.'

De slaven kijken elkaar aan en aarzelen. Jeronimus ziet Xiomara met haar rug tegen de reling staan met een mes in haar hand. Dan kijkt ze hem aan. Jeronimus laat zogenaamd per ongeluk zijn mes vallen, die met de punt in het dek blijft staan. Hij pakt het mes weer op en knikt naar haar.

Laat die scheepsjongen expres zijn mes vallen? flitst door de gedachten van Xiomara. En wat bedoelt hij daar dan mee? Moet ze zich doodvechten of niet? Ze heeft haar vader en moeder al verloren. Moet ze nu ook nog haar eigen leven opofferen? Ze kijkt de scheepsjongen nog eens aan. Deze lijkt naar haar te glimlachen.

Xiomara is de eerste van de slaven die haar mes laat vallen. Kletterend valt het op de houten vloer. De overige vrouwen volgen al gauw het voorbeeld van het jonge slavenmeisje. De vier overgebleven bewakers leggen als laatste hun assegaaien voor zich op de grond.

Leij beveelt Jeronimus de speren en messen te verzamelen. Wanneer hij het mes van Xiomara opraapt, stoot hij haar even aan. Alsof hij haar wil bedanken voor het laten vallen van haar mes. Hij legt de speren en messen achter de zeelieden neer. Dan geeft Leij de slaven opdracht te gaan zitten.

De bestuurders van de kano's en de sloepen begrijpen niet waarom de slaven aan boord hun oproep niet beantwoorden. Ze leggen hun boten aan *De Meermin* vast en klimmen achter elkaar de touwladder op om te kijken wat er aan de hand is.

Zodra de eerste strijder boven aan de ladder is gekomen, springen de zeelieden te voorschijn en nemen hen onder schot. Met gebaren maken ze de slaven duidelijk dat ze aan boord moeten komen. Eenmaal op het dek nemen Wouters en Meijer de slaven hun dolken af en bevelen hun bij de andere slaven te gaan zitten.

'Jeronimus en De Leeuw, ga eten en drinken halen. Dat hebben we nu wel verdiend', grijnst de koopman.

Terwijl de twee zeelieden op zoek gaan naar voedsel, binden Meijer en Wouters de slaven met touwen aan handen en voeten vast. Even later komen de twee zeelieden naar boven met een aantal flessen wijn en schalen rijst.

'Niet allemaal tegelijk', gebiedt de koopman. 'Verdeel het voedsel over groepen van zes. We moeten de slaven ook nog in de gaten houden.

De eerste groep bemanningsleden valt uitgehongerd op het eten aan. Gretig graaien ze met hun handen de rijst van de schotel en schrokken het eten naar binnen. Af en toe laten ze hun graaiende handen even rusten om een beker wijn op te slurpen. Ze drinken zo gulzig dat de wijn langs hun mond over hun kin loopt.

Leij kijkt met zijn verrekijker over het strand naar de duinen, waar de vuren intussen volledig zijn uitgedoofd. Hij ziet achter de struiken van de voorste duinenrij iets bewegen en schiet een paar keer in de lucht. Daarna gaat hij op de voorplecht staan en zwaait met beide handen.

Jongemaat kijkt door zijn verrekijker, ziet de verrekijker van Leij en daarachter het blanke gezicht van de koopman. Even later ziet en hoort hij de koopman in de lucht schieten. Hij draait zijn kijker naar links. Er staan meer blanken op het dek met een geweer in de hand. Daarna ziet hij dat Leij een slaaf op de voorplecht zet en diens handen hoog optilt om te laten zien dat ze geboeid zijn.

'Het ziet ernaar uit dat ze het schip hebben heroverd', zegt hij tegen zijn soldaten. 'We zullen eens een kijkje nemen.'

Hij loopt met zijn legertje het strand op en zwaait naar *De Meermin*. Een paar zeelieden zwaaien terug.

Leij laat twee bemanningsleden naar een van de sloepen afdalen om naar het strand te varen. Deze brengen de landdrost op de hoogte van de stand van zaken op het schip.

Jongemaat vaart met de sloep naar het schip terug om zelf een kijkje op De Meermin te nemen. Onderweg naar het schip merkt hij dat er witte kopjes op de golven verschijnen. Het begint harder te waaien.

'We praten vanavond wel uitgebreid verder', zegt hij tegen Leij, die hem kort vertelt hoe ze het schip weer in handen hebben gekregen. 'Laten we eerst de slaven van boord halen. Ik zie dat de wind toeneemt. Het zou wel eens kunnen gaan stormen vannacht.'

Met behulp van een aantal zeelieden worden de slaven in de klaar liggende sloepen en kano's in één keer aan land gebracht. De boeren op het strand vangen ze op en brengen ze, net zoals de eerste twee groepen, naar de boerderij van Geldenhuis.

Door de aanwakkerende wind snijdt De Meermin zich dieper en dieper in het zand. De aanrollende golven van de branding duwen de schuit nog verder in de zandbodem.

Kapitein Muller vaart in een van de sloepen nog een keer terug naar De Meermin en roeit om het schip heen. Hij komt tot de slotsom dat het schip nauwelijks meer vlot te krijgen is.

'Als er voor vannacht storm voorspeld is, kunnen we beter zoveel mogelijk goederen van boord halen', raadt hij Leij aan, wanneer hij naar het strand is teruggekeerd.

'De belangrijkste goederen zijn al in veiligheid gebracht', grijnst de koopman, terwijl hij naar de slaven wijst. 'Misschien dat we bij vloed een poging moeten doen het schip met sloepen vlot te trekken.'

'Ik stuur een paar matrozen naar het schip om nog zoveel mogelijk spullen op te halen', zegt Muller.

Een paar bemanningsleden roeien twee sloepen naar De Meermin en laden gereedschapskisten, kompassen, musketten, musketkogels, pistolen, vaten buskruit en al hun eigen bezittingen in de sloepen. Door de harde wind kost het hun veel moeite die goederen langs de touwladders in de boten te krijgen. Onderweg naar het strand slaan de golven al overboord.

Leij en Muller kijken achterom naar *De Meermin*, die door het hoog opspattende water in een mist van nevel gehuld lijkt. 'Als dat maar goed gaat', zegt Muller, terwijl hij angstig omkijkt en ziet hoe de eerste golven over het dek slaan. 'Met zo'n storm kunnen we niets uitrichten wanneer het vloed wordt.'

Jeronimus begeleidt als bewaker de slaven naar de boerderij van Geldenhuis. Bij de brug over de rivier houdt de groep slaven opeens in. Ze zijn bang de brug over te steken, omdat je door de spijlen het snelstromende water ziet. Jeronimus gaat hen voor en loopt als eerste de brug op om te laten zien dat er niets aan de hand is. Voetje voor voetje volgt de stoet hem over de brug.

Een aantal van hen wordt bij de verkenners van Roesaaij in de schuur ondergebracht en bij de groep van Massavana in de schuur ernaast. De slaven die overblijven, waaronder Xiomara, worden naar een schuur naast de boerderij van Wesselsen afgevoerd. Daar worden de slaven aan stevige kettingen vastgemaakt.

Leij geeft de zeelieden opdracht de slaven goed te eten te geven. Opnieuw zorgt Jeronimus ervoor dat Xiomara aan de buitenkant van een rij komt te zitten, zodat ze meer bewegingsvrijheid heeft. 'Je zorgt wel goed voor haar hè?' zegt Wouters een beetje spottend, terwijl hij toekijkt hoe voorzichtig Jeronimus de ketting om haar enkels bindt.

'Hier had ze een wond', verontschuldigt Jeronimus zich.

Xiomara zit in de hoek van de schuur, waar een groot gat in het hout zit omdat het hout daar verrot is. Hij kijkt haar aan, maar ze lijkt hem niet te zien. Wezenloos staart ze voor zich uit, na de zoveelste teleurstelling in korte tijd.

Terwijl de bemanning 's avonds in de boerderij van Geldenhuis voor het eerst in lange tijd vers gebakken brood met honing krijgt voorgeschoteld, giert de wind om het huis.

Leij vertelt de landdrost de hele geschiedenis vanaf het vertrek van De Kaap tot en met de herovering van *De Meermin*. Keer op keer benadrukt hij met welke moed de bemanning pogingen heeft ondernomen om de opstand van de slaven de kop in te drukken.

Intussen groeit de harde wind uit tot een van de zware stormen die het gebied van tijd tot tijd teisteren.

De Meermin ligt er verlaten bij en wordt van alle kanten omsingeld door een vijandige zee. De hoge, woeste branding beukt de hele nacht in op het geketende schip. *De Meermin* stampt, beeft en kreunt. Een deel van de bezaansmast, de korte mast, ligt afgebroken op het dek in een plas water. Het touwwerk ligt los over het roer. Telkens slaat een muur van golven aan de ene kant over het dek en spoelt er aan de andere kant van af. Na een hevige rukwind breekt de fokkenmast als een lucifershoutje af en stort op het dek neer.

Zwarte golven bestormen zonder ophouden het schip dat alle kanten op slingert. Als een laatste wraak van de slaven.

16 Ontsnapt!

Het is dezelfde nacht dat de razende storm om de boerderij van Geldenhuis loeit, waar de bemanning van *De Meermin* de nacht doorbrengt in de stallen. Ze slapen op vers stro dat de boer op de vloer heeft uitgespreid.

Jeronimus ligt tegen de muur die de stal van de woonkamer scheidt. De koopman, de schipper, de landdrost en de boer slapen in kamers in de boerderij zelf.

Het stormt zo hevig dat Jeronimus bang is dat het dak van de stal afvliegt. Midden in de nacht hoort hij in de boerderij gestommel en even later het dichtslaan van een deur. Omdat Jeronimus toch niet kan slapen, staat hij op om te kijken wie de boerderij midden in de nacht heeft verlaten. Hij stapt over de snurkende zeelieden heen en opent de staldeur. In de verte ziet hij een donkere gedaante in de richting van de duinen lopen. Hij kan niet onderscheiden wie het is.

Hij besluit de gestalte te volgen. Hij hoeft niet bang te zijn dat hij wordt gehoord want het geluid van de storm is oorverdovend. Hij moet moeite doen tegen de wind in te lopen die recht van zee het land inblaast.

De scheepsjongen ziet de figuur voorbij de laatste duinen richting het schip lopen. Zelfs van die afstand ziet hij stukken losgeslagen hout en zeil op het strand liggen. Het is vloed en hij ziet hoe witte schuimkoppen over het dek spoelen en de golven vrij spel hebben. De persoon blijft wel een half uur staan, oog in oog met het geteisterde schip. Dan keert de gestalte zich om en loopt terug naar de duinen.

Jeronimus verbergt zich achter een paar struiken en even later loopt de donkere figuur vlak langs hem heen. Het is kapitein Muller, die met gebogen hoofd naar de boerderij terugkeert. Jeronimus wacht tot de schipper over de duintop is verdwenen en loopt dan naar het strand.

Hij schrikt van wat hij ziet. Door de wilde zee is het schip diep in het zand gezonken. De fokkenmast is afgebroken en gerafelde zeilen waaien alle kanten op. De scheepsjongen vraagt zich af of *De Meermin* deze storm wel zal overleven. Zeker nu ze met haar kiel vastzit in de zeebodem.

Dan hoort hij een enorm gekraak dat het geluid van de storm overtreft. Een razende windvlaag en een enorme golf breken de schuit in tweeën en de zee stroomt door het open ruim van het schip naar binnen. Maar de zee is vraatzuchtig. Al gauw breekt het schip in nog meer stukken: planken, kisten, touwen en zeilen drijven uit het schip en spoelen even later op het strand aan.

Hij loopt langs de vloedlijn, nieuwsgierig naar wat door de zee op het strand is geworpen. Naast veel hout en touwen vindt hij een van de flessen met de brief van koopman Leij er nog in. Hij doet de fles open, haalt de droge brief eruit en stopt die in zijn zak. Even verderop ligt een houten kistje met de sleutel nog in het slot. Hij doet het kistje open en ziet dat het logboek van de schipper erin zit. Er is een beetje water in gekomen, zodat een aantal bladzijden van het reisjournaal is doorweekt, maar het grootste deel van het boek is droog gebleven. Hij besluit het logboek mee te nemen, om het de volgende dag aan de kapitein te geven.

Het begint al lichter te worden. Jeronimus keert terug naar de boerderij. Wanneer hij op de eerste duintop staat, kijkt hij nog één keer achterom naar *De Meermin*. Een flauwe maan beschijnt de zee en het wrak.

Het is 9 maart 1766. De datum waarop *De Meermin* als schip ophoudt te bestaan. De zee heeft nog nooit met iets of iemand medelijden gehad.

Terug in de stal stopt hij de brief en het logboek onder in zijn plunjezak.

De volgende ochtend vroeg vertrekken Muller, Leij, Jongemaat en Geldenhuis naar het strand om te kijken hoe de storm op het schip heeft huisgehouden. Ze zien dat het schip in tweeën is gebroken en niet meer te redden is.

'Dat is jammer', zegt de landdrost. 'Ik heb een koerier naar De Kaap gestuurd om twee schepen naar de Struisbaai te sturen. Maar de storm is ons voor geweest.'

'Het enige wat we nog kunnen doen is zoveel mogelijk spullen van boord halen, zodra het eb is.'

'Het meeste ligt al op het strand', zegt Geldenhuis grinnikend, maar niemand van de anderen kan erom lachen.

'Kun jij karren regelen?' vraagt Leij aan de boer. 'Dan zal ik de bemanning opdracht geven om alles wat nog enige waarde heeft van boord te halen.'

In de loop van de ochtend neemt de storm in kracht af. Het wordt laag tij en een groepje zeelieden vaart in een sloep naar *De Meermin*. Ze treffen een totaal vernield schip aan en moeten in de natte chaos oppassen voor losliggende stukken hout. Ze halen kanonnen en ankers van het schip en maken al het lood, ijzer en tin wat nog opnieuw kan worden gebruikt los van het schip. Op het strand tillen ze de spullen in karren, die met behulp van een aantal slaven door de duinen naar de boerderij worden getrokken.

's Middags komt Leij de schuur van Wesselsen binnen, terwijl Jeronimus met een paar maten voedsel aan het uitdelen is aan de slaven. Het is Jeronimus' bedoeling bij de voorste rij te beginnen. Maar opeens staat hij voor Xiomara met een lepel boordevol rijst in zijn hand...

'Voed ze maar goed', zegt de koopman. 'Ze moeten flink aansterken. Dan brengen ze meer op. Vanaf morgen hebben ze een lange tocht naar De Kaap voor de boeg.'

Jeronimus staat net op het punt om extra veel rijst aan Xiomara te geven. Het valt hem op dat ze de mooiste hagelwitte tanden heeft die hij ooit heeft gezien. Vergeefs probeert hij een lichte trilling in zijn lichaam te verbergen.

Dan dringen de woorden van Leij pas goed tot hem door. Hij beseft dat hij er op deze manier aan meewerkt voor haar een hogere prijs te krijgen. Hij aarzelt of hij de extra portie eten in de ketel zal teruggooien. Xiomara ziet hem twijfelen. Met haar geboeide armen pakt ze zijn arm vast, knikt en vouwt daarna haar handen tot een grote kom. Jeronimus legt de extra portie in haar handen, glimlacht en loopt door naar de volgende rij slaven.

De hele verdere middag en avond moet hij denken aan de woorden van Leij. De schuldgevoelens over de dood van de moeder van Xiomara, die langzaam naar de achtergrond waren verdwenen, keren weer terug in zijn gedachten. Hoe kan hij die schuld inlossen?

's Avonds op zijn strobed in de stal ligt de scheepsjongen nog steeds te piekeren.

Allerlei gedachten spoken door het hoofd van Jeronimus. Hij denkt aan hoe zijn leven tot nu toe is verlopen. Zijn vertrek uit de Nederlanden, de reis met zijn vader naar Oost-Indië en de ongelukkige afloop, zijn werk als sjouwer op De Kaap, zijn reis met het slavenschip *De Meermin*. Tot nu toe heeft hij weinig vat op zijn leven gehad. Hij vindt dat hij meerdere keren in zijn jonge leven is bedonderd. Door de weeshuiseigenaar, door de pakhuismeester en eigenlijk ook door Leij. Want goed beschouwd is hij niet meer dan een slavenvervoerder. Of nog erger, een vetmester van slaven, die zorgt dat ze een betere prijs opleveren. Zelfs de vetmester van Xiomara, die door zijn schuld haar moeder heeft verloren. Er is tot nu toe weinig in zijn leven waar hij trots op kan zijn.

Door de dunne wand heen hoort hij koopman Leij, kapitein Muller, landdrost Jongemaat en boer Geldenhuis met elkaar praten.

'Ik heb vijf karren voor jullie', zegt Geldenhuis. 'Ze komen van boeren uit de omgeving. Maar ze moeten wel zo snel mogelijk worden teruggebracht.'

'Komt voor elkaar', stelt Leij hem gerust. 'Vijf karren is genoeg. We hebben twee karren nodig voor de goederen die we hebben kunnen redden van het schip. Dan hebben we drie karren over voor de slaven. Die kunnen we bij toerbeurt op de wagens zetten om ze te laten rusten. Ze moeten van de tocht niet te mager worden.'

'Maar je moet wel huur voor de karren betalen', zegt Geldenhuis met boerenslimheid. 'We kunnen ze eigenlijk niet missen. We zitten midden in de hooitijd.'

'Dat spreekt vanzelf', zegt de koopman. 'Voor niets gaat de zon op.'

'En met zulk somber weer is zelfs dat de vraag', lacht de landdrost. 'Wanneer vertrek je?'

'Morgen', antwoordt Leij.

'Vooral die jonge slaven en slavinnen brengen veel op, heb ik horen zeggen', hoort Jeronimus de landdrost zeggen.

'Dat klopt', zegt Leij. 'Die hebben nog een heel leven te gaan. Ze zijn sterk en kunnen lange dagen maken.'

Het is even stil. Dan zegt de koopman: 'Als jij een goed woordje voor me wilt doen bij de gouverneur over wat er op *De Meermin* is voorgevallen, kun je wel een mooie jonge slavin van me krijgen.'

Het is weer even stil.

'Ik zal er een nachtje over slapen', zegt de landdrost geeuwend.

De scheepsjongen hoort het schuiven van stoelpoten en even later is het stil in de woonkamer van Geldenhuis.

Jeronimus is geschrokken van de laatste opmerkingen van de koopman en de landdrost. Misschien blijft Xiomara wel hier! Ongetwijfeld heeft de koopman Xiomara op het oog. Hij had gehoopt haar in ieder geval nog naar De Kaap te kunnen bege-

leiden. Maar als ze hier achterblijft als slavin van de landdrost...
Hij moet er niet aan denken. Maar wat kan hij doen om te voorkomen dat Xiomara als slavin wordt verhandeld? Of wordt ingewisseld in ruil voor een gunstig rapport van de landdrost? Maar is dat wel de enige reden waarom hij zich zo druk om haar maakt? Hij wil het eigenlijk niet weten, maar dan schiet de waarheid door zijn gedachten naar voren: hij wil haar gewoon niet aan een ander afstaan, hij wil haar voor zichzelf houden, hij is verliefd op haar!

Als hij iets voor haar wil doen, moet hij snel handelen. Dan neemt hij een beslissing die zijn hele leven en het leven van de generaties na hem zal beïnvloeden.

Hij staat op, pakt zijn plunjezak en verlaat zachtjes de stal. In een schuur naast de stal staan de karren al klaar voor vertrek. Jeronimus heeft die middag de wagens zelf volgeladen. In het duister tast hij in een van de karren met zijn handen onder het zeil tot hij de gereedschapskist van de scheepstimmerman voelt. Hij klemt zijn hand om twee voorwerpen, steekt ze in zijn zak en loopt van de boerderij weg.

Hij weet dat Pelsaart woedend zal worden als hij ontdekt dat hij deze stukken gereedschap mist. Hij is erg zuinig op zijn zelfgemaakte spullen. Maar hij hoopt dat de timmerman het hem zal vergeven.

In een wijde boog loopt hij om de schuren heen, waar bemanningsleden de wacht houden bij de slaven. Hij zoekt het pad en bereikt na een kwartier de boerderij van Wesselsen. Voor de schuur waar de slaven zijn ondergebracht, zit Meijer op wacht. Tegen de schuurdeur aangeleund zit de zeeman te dommelen.

Jeronimus tikt hem op de schouder.

'Hé', zegt Jeronimus zachtjes. 'Ik kom je aflossen.'

'Hè, wat?' zegt Meijer, wakker geschrokken. 'Maar het is nog donker, je bent veel te vroeg.'

'Ik kan niet slapen. Dus als jij eerder wilt pitten...'

Meijer komt overeind en rekt zich uit.

'Ja, als je zo aandringt', lacht hij, 'dan zeg ik geen nee. Ik snap trouwens niet waarom we de wacht moeten houden. Ze zitten allemaal vast aan stevige kettingen, net zoals op het schip, dus ze kunnen nooit ontsnappen. Ik heb de laatste nachten verrekte weinig geslapen door al het gedoe met die rotslaven.'

'Ik begrijp het ook niet. Maar Leij is dubbel voorzichtig geworden.'

'Ja, ik ben benieuwd hoe dat gaat aflopen op De Kaap. Ik denk niet dat de hoge heren blij zullen zijn met het verlies van *De Meermin* en een deel van de slaven.'

'Nee, maar gelukkig is dat onze zaak niet.'

'Precies. Ik ga ervandoor. Ik val om van de slaap.'

Jeronimus kijkt de zeeman na die in het donker verdwijnt. Hij doet de schuur open en kijkt naar de slapende slaven. Sommigen doen even hun ogen open, maar slapen daarna weer verder. De scheepsjongen loopt langs de rijen slaven naar de hoek waar Xiomara ligt. Hij voelt de wind door het gat in de schuur achter haar.

Ze slaapt, maar op het ogenblik dat hij zich bukt om haar voorzichtig wakker te maken, doet ze haar ogen al open. Alsof ze voelde dat hij in haar nabijheid was. Jeronimus gebaart haar om geen geluid te maken.

Hij haalt twee vijlen uit zijn broekzak. Hij geeft er een aan Xiomara en wijst naar de ketting om haar enkels. Met de andere vijl begint Jeronimus het ijzer door te vijlen dat haar met de slaaf naast haar verbindt. Het slavenmeisje begrijpt het en begint zachtjes te vijlen op de schakel tussen haar beide voeten.

Een halfuur lang slijpen ze aan één stuk door aan de schakels zonder een woord met elkaar te wisselen. Jeronimus heeft meer kracht en slijpt als eerste de ketting door. Zweet parelt over zijn voorhoofd van het harde werken en de spanning. Als hij wordt betrapt, wacht hem een zware straf...

Hij staat op en gebaart dat Xiomara moet doorgaan, terwijl hij terugkeert naar zijn post voor de schuurdeur. Gelukkig zijn de andere slaven niet wakker geworden van het geluid van de vijl. De wind die rond de schuur fluit is gunstig voor hun werk.

Na een kwartier komt hij terug. Xiomara is stug verder gegaan. De ketting is al voor meer dan de helft doorgevijld. Jeronimus knielt voor haar neer en neemt het werk van haar over. Af en toe kijkt hij naar haar en de glimlach die hij van haar krijgt, ontvangt hij als een geschenk. Als er nog maar een kwart van de ketting doorgevijld moet worden, pakt de scheepsjongen de ketting vast en breekt hem in tweeën.

Xiomara wrijft over het litteken op haar enkels en wijst daarna op de ketting die om haar polsen zit. Jeronimus heft zijn handen.

'Daar hebben we nu geen tijd voor', zegt Jeronimus zacht. 'Het begint al te schemeren. We moeten maken dat we wegkomen.'

Xiomara lijkt hem te begrijpen.

Door zijn gefluister is de slaaf naast Xiomara wakker geworden. Hij kijkt hen verbaasd aan en ziet vervolgens dat de ketting naast hem niet meer doorloopt naar Xiomara. Vragend kijkt hij naar Jeronimus en het meisje. Xiomara legt haar hand op zijn lippen en geeft hem haar vijl.

'Kom, we moeten weg, we kunnen niet op hem wachten', zegt de scheepsjongen. 'We hebben geen moment te verliezen.'

Hij durft met Xiomara niet langs alle slaven door de schuur te lopen. Als een van de slaven wakker wordt en het op een schreeuwen zet, zou de boer misschien wakker worden. Hij wijst naar het gat in de wand en kruipt vóór haar door de opening naar buiten. Xiomara volgt hem een paar tellen later.

Het wordt steeds lichter. De maan en de zon staan op het punt elkaar aan de hemel af te wisselen.

Xiomara gaat staan en valt bijna om. Ze heeft pijn in haar voeten van de strakke ketting om haar enkels. Jeronimus ondersteunt haar.

'Kom, deze kant op', zegt hij zachtjes.

Hij pakt haar hand en leidt haar in een grote bocht om de boerderij heen. Hij probeert zich te oriënteren op de omgeving. Links is de boerderij van Wesselsen, rechts die van Geldenhuis en achter hem het strand. De enige vluchtweg die overblijft, is naar het westen, het binnenland in.

De haan kraait op de boerderij en ze stappen een weiland in. Langzaam krijgt Xiomara het gevoel in haar benen terug. Ze lopen een ander weiland door, met de wind mee, steeds verder weg van *De Meermin*, de zee en de boerderijen.

Wanneer Wouters de aflossing van Jeronimus komt overnemen en hem niet aantreft, stapt hij de schuur in. Hij ziet dat er op de achterste rij slaven, drie slaven zijn vertrokken. Als hij naderbij komt, ziet hij dat een vierde slaaf zijn ketting al voor de helft heeft doorgevijld.

Terwijl hij alarm slaat op de boerderij van Wesselsen, holt Jeronimus met Xiomara nog steeds door de velden. De jonge slavin haar vrijheid, de scheepsjongen zijn onvrijheid tegemoet.

17 Levende hooischelven

Wouters rent van boer Wesselsen naar de boerderij van Geldenhuis. Ook daar slaat hij alarm. Al gauw komen ze tot de ontdekking dat Jeronimus is verdwenen.

'Nu begrijp ik waarom hij mij midden in de nacht wilde aflossen', zegt Meijer.

'Maar hoe kan hij de slaven hebben bevrijd?' vraagt Leij zich woedend af. 'Ik heb de sleutels van de sloten die aan de haken aan de muur vastzitten nog in mijn bezit.'

'Met een vijl', zegt Wouters. 'Een vierde slaaf stond op het punt zichzelf te bevrijden. Zijn keten was al voor de helft doorgevijld.'

Hij laat de vijl zien.

'Die komt uit mijn gereedschapskist', merkt Pelsaart op. 'Ik heb er twee van.'

'Wie zijn het?' vraagt landdrost Jongemaat.

'Twee volwassen slaven en een jong slavenmeisje. Volgens mij is hij een beetje verkikkerd op haar.'

'Nog speciale kenmerken?'

'Niet dat ik weet', zegt Wouters. 'O ja, dat slavenmeisje draagt een amulet van rode steentjes.'

'Wat heb ik me in die jongen vergist!' sist Leij. 'Ik heb hem nog wel het baantje op *De Meermin* bezorgd.'

'En wat voor baantje', spot Pelsaart. 'Misschien heb je hem te veel toiletemmers laten schoonmaken.'

Landdrost Jongemaat wil onmiddellijk tot actie overgaan.

'Hoeveel paarden zijn er beschikbaar?' vraagt hij aan Geldenhuis.

'Ik denk zo'n drie à vier. Dan moeten we de boeren in de omgeving af.'

'Doe dat zo snel mogelijk', beveelt Jongemaat. 'Hoe eerder we ze te pakken hebben, hoe beter.'

Inwendig kookt de landdrost van woede. Hij had de avond ervoor nog eens goed nagedacht en de knoop doorgehakt. Hij zou het spelletje met koopman Leij meespelen, vooral omdat een van de slavinnen hem de dag ervoor was opgevallen door haar schoonheid. Hij is bereid een rapport te schrijven waarin hij de koopman en de kapitein zoveel mogelijk spaart in ruil voor die mooie slavin. En juist dat slavenmeisje was ontsnapt!

Hij stuurt er onmiddellijk een paar soldaten op uit om de paarden bij de boeren in de omgeving op te halen.

Leij geeft opdracht de slaven uit de schuren te halen en te verzamelen voor de boerderij van Geldenhuis. Hij telt er nog honderdenzeven. Twee aan twee, in een grote rij, aan elkaar vastgebonden, staan de slaven klaar voor vertrek. Leij laat de zwakste slaven op de karren plaatsnemen.

Een paar sterke slaven zet hij achter de karren waar de spullen van De Meermin opgestapeld liggen en die waarop de slaven zitten.

Intussen zijn de paarden van de boeren uit de buurt gearriveerd. Landdrost Jongemaat neemt haastig afscheid van de koopman.

'Ik heb over jouw voorstel nagedacht', zegt hij. 'Ik hoop dat ik haar kan vinden.' Leij beseft wat dat betekent.

Terwijl de stoet slaven langzaam in beweging komt om aan de lange tocht naar De Kaap te beginnen, geeft Jongemaat zijn paard de sporen om de achtervolging in te zetten op de gevluchte slaven en de scheepsjongen.

Hij heeft Pelsaart bij zijn soldaten gevoegd, omdat deze als enige van de zeelieden kan paardrijden. Verder rijden Geldenhuis en Wesselsen mee, omdat ze de omgeving op hun duimpje kennen.

Ze rijden op grote afstand van elkaar door de weilanden om een zo groot mogelijk gebied uit te kammen.

Na een half uur ontdekken ze in een open vlakte de twee slaven die na Xiomara hebben weten te ontsnappen. Ze worden gevangengenomen en bij een boer ondergebracht.

'Die halen we op de terugweg wel op', zegt de landdrost.

Hij wil geen tijd verliezen. Zijn belangrijkste buit is nog voortvluchtig. Maar hij heeft er alle vertrouwen in dat hij ze snel te pakken zal krijgen.

'In deze uitgestrekte grasvlaktes kun je je nauwelijks verbergen', zegt hij tegen zijn soldaten. 'En een blanke jongen en een zwart meisje vallen helemaal op', grijnst hij vals.

Bij elke boerderij vragen ze of ze een blanke jongen en een zwart meisje in de omgeving hebben zien lopen.

Voort! Voort! Jeronimus en Xiomara rennen door de velden. De scheepsjongen beseft nog nauwelijks wat hij heeft gedaan. Hij vindt nog steeds dat hij het moest doen, maar hij heeft er niet over nagedacht wat de gevolgen zouden zijn als ze worden opgepakt. Voor hem een zware gevangenisstraf, dat is zeker. En voor Xiomara? Hij wil er niet aan denken. Daar heeft hij ook geen tijd voor.

Voortdurend spiedt hij de omgeving af om te zien of er mogelijke achtervolgers te zien zijn.

Om niet al te veel op te vallen heeft hij aan Xiomara zijn cape gegeven. Hij heeft de grote capuchon over haar hoofd getrokken.

De eerste paar uur is het Jeronimus die vooropgaat en Xiomara helpt bij het oversteken van een riviertje of een omheining. Maar hij raakt steeds vermoeider en struikelt van tijd tot tijd over een uitstekende graspol. Daarna is het Xiomara die leidt, op haar blote voeten onvermoeibaar doorholt en af en toe over haar schouder achteromkijkt waar haar redder blijft. In grote, sierlijke passen lijkt ze over de vlakte te dansen alsof haar benen de grond nauwelijks raken.

Na uren lopen rusten ze tussen het struikgewas uit bij een beekje. Jeronimus gaat achterover liggen en voelt dan pas hoe uitgeput hij is. Xiomara trekt de schoenen van de scheepsjongen uit en laat zijn voeten in het stromende water zakken. 'Wat is dat heerlijk!' zegt hij glimlachend.

Het is voor het eerst dat ze elkaar in alle vrijheid langer dan een paar tellen aankijken. In haar ogen ziet hij zijn eigen gespannen gezicht.

'Ik zal ook voor jou zorgen', zegt hij. 'Ik blijf bij je.'

Ze glimlacht naar hem en Jeronimus maakt zichzelf wijs dat zij hem heeft verstaan.

Hij pakt de vijl uit zijn broekband en slijpt de ketting door die haar beide polsen met elkaar verbindt. Na een kwartier heeft hij het ijzer doorgevijld.

'Zo, nu kun je gemakkelijker rennen', zegt Jeronimus.

Xiomara wrijft met haar handen over haar polsen en strekt haar armen wijd uit. Ze pakt Jeronimus' hand en knijpt erin om hem te bedanken. Dan steekt ze haar beide handen tot ver voorbij haar polsen in het water en sprenkelt het koele water over haar gezicht.

Zwijgend liggen ze languit naast elkaar.

Xiomara kan nog nauwelijks geloven wat er die nacht is gebeurd. Wat was de reden dat die blonde jongen haar heeft bevrijd en met haar is gevlucht? Ze weet bijna zeker dat hij dat met zijn eigen vrijheid moet bekopen. Waarom heeft hij dat gedaan?

'Waarom heb je me bevrijd?' vraagt ze.

Jeronimus verstaat haar niet, maar vermoedt wat ze vraagt. Hoe moet hij daar antwoord op geven? Hoe moet hij haar duidelijk maken dat hij zich schuldig voelt aan de dood van haar moeder.

Dan komt hij langzaam overeind, kijkt haar aan en haalt zijn schouders op.

'We moeten eten zoeken', zegt hij even later, terwijl hij zijn schoenen aantrekt. 'Ik barst van de honger.'

In de verte zien ze een boerderij liggen. De hele morgen hebben ze in wijde bogen om elke boerenhoeve heen gelopen. Jeronimus wijst met zijn vinger naar zijn mond en de boerderij.

Bukkend lopen ze in de richting van de boerderij. Ze hebben het geluk dat achter de boerderij een graanveld ligt. Door het hoge gewas kunnen ze ongezien dicht bij de hoeve komen. Naast het huis zien ze een kleine boomgaard liggen.

'Ik ga appels voor ons halen', zegt hij tegen Xiomara. 'Jij moet het erf in de gaten houden en fluiten als er iemand naar buiten komt.'

Hij tuit zijn lippen en fluit zachtjes. Xiomara knikt.

Jeronimus stapt uit het graan en nadert de boomgaard. Hij loopt bukkend van boom naar boom tot hij de appelboom heeft bereikt. Razendsnel klimt hij erin en propt zijn zakken vol met appels. Hij laat zich langs de stam omlaag glijden om terug te keren naar de plek waar Xiomara in het graan staat.

Dan hoort hij een hoog gefluit. Even later rent een grote hond door een deur naar buiten. De scheepsjongen holt naar het graanveld, met de hond op z'n hielen.

'Hier, Hector, hier!' schreeuwt iemand, die met zijn geweer in de deuropening verschijnt.

Maar dan is Jeronimus al in het graan verdwenen.

'Wegwezen', roept hij tegen zijn vriendin. Ze horen de boer naderen. Zo snel als ze kunnen volgen ze het gebaande pad terug door het graan. Aan het eind van het korenveld hollen ze verder een open grasvlakte op. Als ze de boer uit het graanveld zien komen, zijn ze al zo ver dat ze niet eens meer zien dat de boer een dreigende vuist opsteekt, zijn hond roept en zich omdraait.

Het geblaf van de hond heeft de aandacht getrokken van de landdrost en zijn legertje, die niet ver uit de buurt zijn. Hij rijdt snel naar de dichtstbijzijnde heuvel, die uitzicht biedt op de verre omgeving. Hij pakt zijn verrekijker en tuurt naar een boerderij achter een graanveld. Dan draait hij zijn kijker en zwenkt langzaam naar links. Ziet hij daar achter het graanveld iets bewegen? Zijn die stippen mensen of koeien?

Op de boerderij krijgt hij te horen dat twee mensen, niet al te groot, in de buurt van de boerderij waren.

'Waren het een blanke en een zwarte?' vraagt de landdrost.

'Dat heb ik niet kunnen zien. Ze vluchtten weg door het graanveld nadat mijn hond ze had betrapt. Ze zullen wel fruit hebben gepikt.'

Jongemaat rijdt langs het graanveld en ziet de plek waar Jeronimus en Xiomara aan de rand van het graanveld hebben gestaan.

'Het moeten ze zijn', roept hij opgetogen uit. 'Ik zie sporen van twee mensen.'

Aan de achterkant van het graanveld ziet hij de voetstappen waar ze de grasvlakte zijn opgelopen.

'Ze zijn niet ver meer', zegt hij. 'Nog een kwestie van tijd en we hebben ze te pakken.'

Van tijd tot tijd staat de landdrost stil en kijkt door zijn verrekijker naar alle kanten. Dan onderscheidt hij aan het eind van een grote grasvlakte heel duidelijk twee rennende figuren.

'Daar!' schreeuwt hij naar het westen rijdend. 'Daar lopen ze!'

Hij slaat met zijn zweep op de kont van het paard en zet de achtervolging in.

Jeronimus en Xiomara raken steeds meer afgemat. Ze hebben al uren achter elkaar gelopen. Af en toe rusten ze even uit om een appel op te eten, maar dat geeft niet genoeg kracht voor zo'n slopende tocht.

Aan de rand van een grasvlakte bereiken ze een beekje dat de vlakte scheidt van een weiland waarin overal hooischelven staan.

'Daar zou ik wel in willen liggen', zegt hij lachend, terwijl hij naar de hooibergen wijst.

Ze liggen allebei languit op hun rug en kijken naar de blauwe lucht waarin witte wolken voorbijdrijven. Ze zijn zo moe dat ze allebei in slaap dommelen.

Opeens schrikt Xiomara wakker en legt haar oor op de grond. Ze kijkt door de grashalmen achter zich en ziet in de verte een aantal mannen op paarden. Meteen stoot ze de doezelende Jeronimus aan. Hij ziet haar angstige gezicht en volgt de richting van haar wijzende vinger. In de verte nadert een aantal mensen te paard. Dat moeten de landdrost en zijn manschappen zijn.

'Kom snel', zegt hij.

Hij neemt een aanloop en springt over het water heen. Xiomara volgt zijn voorbeeld. Bukkend rennen ze achter elkaar het weiland op tussen de hooischelven door, zodat ze zoveel mogelijk uit het zicht van hun achtervolgers blijven.

Maar het weiland is groot en ze horen het hoefgetrappel steeds naderbij komen. Ze kunnen geen kant meer op. Radeloos kijkt de scheepsjongen om zich heen. Wat moet hij doen?

Dan bedenkt hij iets. Hij trekt Xiomara aan haar arm en holt naar de dichtstbijzijnde hooiberg. Hij maakt een gat in de berg hooi, die door schuine staken bij elkaar wordt gehouden. Ze kruipen in het hooi en Jeronimus maakt het gat achter zich met hooi weer dicht. Een klein gaatje in het hooi houdt hij vrij om te zien wat er gebeurt.

Jongemaat en zijn manschappen staan bij het riviertje en de landdrost zoekt met zijn verrekijker het weiland af. Ze steken het beekje over en staan niet al te ver van hun hooiberg af.

'Ik begrijp er niets van', zegt de landdrost. 'Ik heb ze zopas nog gezien. Ze moeten hier ergens zijn.'

'Misschien hebben ze zich in een van de hooibergen verstopt', zegt Geldenhuis.

'Dat zullen we gauw genoeg merken', zegt de landdrost. 'We nemen allemaal een aantal hooischelven voor onze rekening.'

Omdat de hooibergen keurig op een rij staan, nemen de soldaten elk vier hooischelven voor hun rekening. Ze rijden met hun paard om de berg hooi heen en steken met hun bajonet van alle kanten in het hooi.

Xiomara verstaat geen woord van wat de landdrost zegt, maar over de schouder van haar bevrijder ziet ze de landdrost wijzen naar de hooischelven in het weiland. Ze is ervan overtuigd dat haar laatste vrije uur geslagen heeft. Ze draait het hoofd van Jeronimus naar zich toe, die haar al even angstig aankijkt. Dan kust ze hem op zijn voorhoofd om hem te bedanken voor wat hij voor haar heeft gedaan. Ze pakt de amulet vast, doet haar ogen dicht en prevelt een gebed om haar ouders om hulp te vragen.

Jeronimus ziet de soldaten naderen. Opeens hoort hij een luide schreeuw. Iedereen kijkt naar waar het geluid vandaan komt. Het blijkt een rat te zijn, die in het hooi lag te slapen.

Dan ziet hij van opzij een van de achtervolgers op hun hooischelf afkomen. Zal hij hem proberen te overmeesteren? Maar wat dan? De andere soldaten zullen op het lawaai afkomen. Moeten ze alsnog vluchten? Dan lopen ze grote kans dat ze neergeschoten worden.

Het is al te laat: hij hoort iemand aan de rechterkant van de hooischelf van zijn paard stappen. Voetstappen in het gras en een geweer dat met de bajonet in het hooi gestoken wordt.

Jeronimus ziet de punt van de bajonet uit het hooi komen. Hij duwt Xiomara net op tijd opzij en de bajonet gaat vlak langs haar heen.

Ze zien de bajonet zich weer in het hooi terugtrekken. Ze horen een paar voetstappen in de richting van de opening waardoor zij gekomen zijn. Jeronimus kijkt door de spleet in het hooi. Op nog geen meter afstand van de hooiberg ziet hij het gezicht van Pelsaart naderbij komen. Hij heeft het geweer in zijn hand en staat op het punt opnieuw toe te steken.

Dan duwt Jeronimus het gaatje in het hooi verder open en fluistert: 'Ik ben het, Francisco. Jeronimus, je hulp op *De Meermin*. Spaar ons alsjeblieft!'

Ogenblikkelijk verstijft het geweer in de hand van de scheepstimmerman. Jeronimus ziet het verbijsterde gezicht van Francisco Pelsaart die snel om zich heen kijkt.

'Wat heb je in godsnaam gedaan?' fluistert Pelsaart even later.

'Ik moest haar redden', antwoordt Jeronimus zachtjes.

Pelsaart ziet door de smalle opening in het hooi de angstige ogen van de scheepsjongen.

'Ben je alleen?'

'Nee, Xiomara zit hier ook.'

Het is even stil. Seconden, die een eeuwigheid lijken te duren, gaan voorbij.

'Kijk, ik heb hier jouw vijl', zegt Jeronimus.

Pelsaart steekt zijn hand uit, pakt de vijl en stopt hem vlug in zijn zak.

Dan ziet Jeronimus hoe de scheepstimmerman zijn geweer laat zakken, op zijn paard stapt en tegen de landdrost roept: 'In deze hooibergen zitten ze ook niet.'

Wanneer Jeronimus zich naar Xiomara omdraait, ziet hij dat ze nog steeds met gesloten ogen aan het bidden is.

Jeronimus voelt het zweet in straaltjes over zijn rug lopen. Door de opening ziet hij hoe de soldaten zich rond de landdrost verzamelen.

'Misschien zijn ze wel naar die kleine boerderij verderop gevlucht', oppert Pelsaart.

'Laten we daar dan maar een kijkje nemen', neemt de landdrost zijn voorstel over.

Als het hoefgetrappel niet meer te horen is, doet ze haar ogen open en zegt tegen Jeronimus: 'De geest van pas overleden mensen is sterk. Zij kunnen goed helpen. Mijn vader en moeder hebben een goed mens naar onze schuilplaats gestuurd.'

Jeronimus begrijpt niet wat ze zegt.

Opeens begint ze zachtjes te snikken. Voor het eerst ziet Jeronimus tranen over haar wangen rollen. Ze huilt meer dan een uur achtereen. Dan glimlacht ze door haar tranen heen naar hem en bedankt hem voor haar redding. Ze wachten nog uren in de hooiberg tot de avond is gevallen. In het donker verlaten ze de hooischelf en lopen de hele nacht verder, tot ze aan het eind van hun krachten in een verlaten schuur neervallen.

Ze slapen bijna de hele dag. Xiomara kruipt dicht tegen Jeronimus aan. Hij heeft zich vaak voorgesteld hoe het zou zijn haar tegen zich aan te drukken. Nu ligt ze in zijn armen, dichterbij dan ooit.

Jongemaat zoekt ook de volgende dag nog verder, maar in de verkeerde richting. Aan het eind van de middag geeft hij het op. Hij haalt de twee gevangengenomen slaven op en laat deze door Pelsaart naar Leij brengen.

'En Jeronimus?' vraagt deze.

'Niet gevonden', zegt de scheepstimmerman. 'En die slavin ook niet.'

'Hoe was Jongemaat?'

'Hoe bedoel je?'

'Was hij kwaad?'

'Hij keek niet vrolijk.'

Dat was niet ver van de waarheid. De landdrost schrijft de dag erna zijn rapport over de gang van zaken op *De Meermin*. Hij windt er geen doekjes om. Driftig schrijft hij precies op wat hij van de verschillende zeelieden heeft gehoord over wat er allemaal op *De Meermin* is misgegaan...

18 Scheepsjongen af

Jeronimus en Xiomara trekken nog een aantal dagen dieper het binnenland in. Tot nu toe hebben ze elke ontmoeting vermeden, omdat ze bang zijn te worden verraden. Soms zien ze ook donkere mensen, zowel mannen als vrouwen, die aan het werk zijn op de velden. Dat stelt de scheepsjongen en zijn vriendin gerust. Xiomara komt tot de ontdekking dat ze in dit vreemde land niet de enige is met een donkere huid.

Ze houden zich in leven met water uit beekjes en groente en fruit, dat ze stelen uit tuinen naast woningen. De kwade hond die ze soms achter zich aan krijgen, nemen ze voor lief.

Pas na een week durft Jeronimus het aan in een dorp om werk te vragen. Een boer die op de markt boter, kaas, melk en eieren verkoopt, vertelt hem dat zijn buurman die wijnboer is misschien wel hulp kan gebruiken.

'Het is de vierde boerderij rechts, als je die kant het dorp uitloopt', wijst hij Jeronimus de weg.

Door een groot hek lopen ze het toegangspad van de boerderij op. Het pad bestaat uit donkerrood grind dat er verzorgd uitziet. Aan het eind van het pad zien ze een donkergekleurde man op z'n knieën vuil en blaadjes tussen de steentjes weghalen.

Voor hen ligt een prachtig gebouwde villa met een spierwitte gevel. De voorkant van het huis is heel breed. Aan beide kanten van de met houtsnijwerk bewerkte deur zijn grote ramen. Boven de brede voordeur hangt een bord waarop staat 'Door Wijsheid en Deugd'. Jeronimus laat de klopper op de voordeur vallen. Xiomara blijft schuin achter hem staan. Een blanke man met een rieten hoed op doet open.

'Bent u boer Matthijssen? Ik ben door uw buurman die op de markt zuivel verkoopt naar u toegestuurd omdat u misschien werk heeft.'

De boer knikt en neemt de jongeman van top tot teen op.

'Waar kom je vandaan?' vraagt hij kortaf.

'Van De Kaap.'

'Wat doe je zo ver van huis?'

Jeronimus begint te lachen.

'Dat is een heel lang verhaal. Als ik u dat allemaal vertel, staan we hier over een paar uur nog. Dat is zonde van uw tijd. Ik kom van een schip dat gestrand is in de Struisbaai.'

'Waarom ga je niet terug naar De Kaap?'

'Ik heb schoon genoeg van de zee. Ik heb mijn vader op zee verloren en op mijn tweede zeereis strandde ons schip. Ik wil werk doen waarbij ik vaste grond onder mijn voeten heb.'

Boer Matthijssen kijkt hem nog eens goed aan. Zeelui zijn meestal ruwe bonken, maar deze jongeman is dat niet, zo aan zijn taal te horen.

'Hoe weet ik dat jij een goede knecht bent?'

'Ik was sjouwer in een pakhuis op De Kaap. Ik zie er nu wat mager uit, maar dat komt omdat we dagen achtereen hebben gelopen. En van het beroerde eten tijdens een zeereis word je niet dik. U kunt het altijd een paar dagen met me proberen.'

Matthijssen kijkt hem recht in de ogen De jongen maakt op hem een betrouwbare indruk.

'Goed, je kunt morgen vroeg om vijf uur beginnen.'

'Waar woon je?'

'Ik heb nog geen verblijfplaats.'

De boer denkt een paar tellen na.

'Ik heb achter in de moestuin een schuurtje waar het gereedschap in staat. Als je dat in een hoek zet, kun je er zo intrekken. Ik zal een matras naar het schuurtje laten brengen.'

Dan pas ziet hij Xiomara.

'En zij?'

'Zij is mijn vriendin. Zij kan mij helpen met mijn werk of werk verrichten in de moestuin of de boomgaard.'

'Voorlopig betaal ik voor één persoon', zegt de zuinige boer.
'En ik heb voor haar geen onderkomen.'

'Ik maak wel plaats voor haar in het schuurtje', zegt Jeronimus.

'Goed. Dat is dan afgesproken.'

Matthijssen gaat hen voor door de moestuin naar de vervallen schuur.

'Kijk, dit is het. Meer kan ik je niet bieden.'

Hij doet de deur van het schuurtje open. Het is inderdaad klein en biedt nauwelijks ruimte voor één persoon, laat staan voor twee.

'Voor ons is het goed genoeg', zegt Jeronimus, die al lang blij is dat ze werk hebben en een dak boven hun hoofd.

Terwijl de boer terugloopt naar zijn villa, omarmt Jeronimus Xiomara.

'We hebben werk... en een huisje', zegt hij.

Samen brengen ze de spullen naar buiten en maken de vloer schoon. Daarna zetten ze het gereedschap terug in een hoek. Nu is er precies voldoende ruimte over voor twee mensen om te slapen.

Boer Matthijssen heeft werk genoeg. Hij is van plan nog een wijngaard erbij te nemen. Al gauw ziet hij dat hij zich niet heeft vergist in die blonde jongen en zijn vriendin. Het zijn goede werkers en na een paar weken gaat hij ertoe over hen beiden te betalen.

Het is vooral voor Jeronimus een spannende, onzekere tijd. Is Xiomara ook verliefd op hem, vraagt hij zich voortdurend af? Of is ze hem alleen maar erg dankbaar? En is Xiomara even verliefd op hem als hij op haar? Voor het eerst in zijn leven ervaart hij hoe eenzaam je kunt zijn, als je verliefd bent...

Jeronimus en Xiomara werken de hele dag samen. Zo leren ze

elkaar langzaam aan goed kennen. Eerst elkaars gevoelens van vriendschap en verliefdheid. Daar zijn weinig woorden voor nodig. Na een aantal weken merkt de scheepsjongen dat zijn vriendin ook op hem verliefd is.

Daarna de taal van het verstand. Ze verstaan elkaar met de dag beter. Hun gesprekken zijn half Malagasi, half Afrikaans. Ze leren elkaar woorden en begrijpen na een paar maanden precies wat de ander bedoelt.

Bij de aanleg van de nieuwe wijngaard kan boer Matthijssen de handigheid van Jeronimus goed gebruiken. Xiomara krijgt na een paar maanden ander werk.

's Morgens werkt ze in de moestuin. Het doet haar terugdenken aan haar eerste herinneringen als kind, toen ze in de draagzak op de rug van haar moeder zat. Terwijl ze het onkruid tussen de groenten weghaalt, kijkt ze nieuwsgierig over de schouders van haar bukkende moeder en ziet haar met haar vingers in de grond wroeten om er witte knollen uit te halen... En als ze in de boomgaard, staande op een houten ladder, appels en peren plukt, reikt ze met haar kleine handjes naar de tros kleine bananen die haar moeder haar aanwijst...

's Middags werkt ze in het huis van de wijnboer. Ze heeft nog nooit zo'n groot huis gezien. De eerste keren verdwaalt ze in de vele vertrekken van de villa. Ze bewondert de plavuizen vloeren, de wandtapijten, de schilderijen, het doorzichtige glas en de vele kostbare voorwerpen van zilver. De meubels met het fijne houtsnijwerk doen haar denken aan de prachtig bewerkte assegaaien en de uit hout gesneden hoofden van de voorouders, die boven de ingang van elke hut in haar eigen dorp hangen.

Dan vervalt ze soms in dagdromen tot ze door de vrouw van de wijnboer of een andere dienstmeid uit haar dromen wordt gewekt.

Jeronimus krijgt van de wijnboer toestemming in zijn vrije tijd hun schuurtje op te knappen. Zijn ervaring als hulptimmerman komt hem daarbij goed van pas. Hij timmert een aantal planken tegen de wand waarop gereedschap kan worden geplaatst. Op de bovenste plank, uit het zicht van Xiomara, legt hij het logboek van schipper Muller en de brief van koopman Leij. Hij weet eigenlijk niet waarom hij ze nog bewaart. Om zich te verdedigen als hij toch nog wordt opgepakt? Het klinkt niet erg logisch en hij weet het maar al te goed. Is het om de wereld ooit nog eens te laten weten wat er allemaal precies is voorgevallen tijdens het slaventransport? Wil hij het voor zijn kinderen bewaren om hun te laten zien onder welke omstandigheden hij hun moeder heeft leren kennen? Hij weet het zelf niet...

Aan de zijkant bouwt hij een afdakje waaronder de grote tuingereedschappen kunnen staan. Zodoende hebben ze in het schuurtje alle ruimte voor zichzelf. De meeste vrije uren brengen ze door vóór hun huisje, zittend op een bankje, met uitzicht op de moestuin en de bergen in de verte die in de ondergaande zon oranje kleuren.

Jeronimus geniet van deze avonden. Op de een of andere manier voelt hij zich bevrijd, ook al kan hij nooit meer terug naar De Kaap. Bevrijd van een last die in het verleden onmerkbaar op hem drukte. Hij heeft niet alleen zijn schuld aan Xiomara ingelost. Het is veel meer dan dat. Voor het eerst in zijn leven heeft hij een eigen beslissing genomen. Een goede beslissing, denkt hij, als hij opzij kijkt naar Xiomara op wier gezicht het zachte avondlicht valt. Op wie hij elke dag meer verliefd wordt. Wanneer hij 's morgens vroeg de zon begroet, die door spleten in de houten wand hun huisje een nieuwe dag aankondigt, voelt hij zich trots. Een gevoel dat hij lang niet heeft gekend. De laatste keer, herinnert hij zich, was tijdens zijn eerste zeereis. Toen hij voor de ogen van zijn vader als klein jongetje hoog in de mast was geklommen en vanuit de nok naar hem had gezwaaid. Hij voelt nog de hand van zijn vader door zijn blonde haren...

Maar in zijn verliefdheid ziet hij niet dat zijn vriendin steeds stiller wordt. Hij is zo verliefd dat hij op veren loopt. Maar het verdriet snijdt Xiomara soms nog dwars door haar hart. Ze heeft heimwee naar haar dorp midden in het woud. Ze verlangt naar het zingen van de vrouwen en meisjes in het dorp. Ze wil de geuren opsnuiven van het eten dat op grote potten buiten de hutten wordt klaargemaakt. Ze wil het eeuwig ruisen horen van de rivier die langs hun dorp stroomt. Op een avond spreekt ze haar wens fluisterend uit.

'Ik wil terug naar Madagaskar, Jeronimus. Ik voel me hier niet gelukkig.'

Jeronimus schrikt en trekt wit weg.

'Wil je niet meer mijn vriendin zijn?'

Xiomara pakt zijn hand en legt die op haar schoot.

'Ik wil dolgraag jouw vriendin zijn', zegt ze met een trieste glimlach op haar gezicht. 'Maar het zit dieper, het zit in mijn ziel.'

'Wat zoek je dan?' vraagt Jeronimus.

'Ik wil terug naar mijn dorp', zegt Xiomara. 'Ik wil de smaak proeven van vruchten die in de omgeving van mijn dorp groeien. Ik wil dorpskinderen in de rivier zien spelen. Ik wil de jachtverhalen horen van mijn vader...'

Opeens barst ze in huilen uit. Jeronimus schuift zijn stoel dichter naar haar toe en legt zijn arm om haar schouder. Zachtjes wiegt hij haar heen en weer. Ze huilt met lange uithalen. Af en toe veegt Jeronimus met zijn mouw de tranen van haar wangen.

'Dat dorp waarnaar jij verlangt bestaat niet meer, Xiomara', zegt hij zacht na lange tijd. 'Dat dorp is verbrand. Er spelen daar geen kinderen meer, je moeder en vader zijn daar niet meer. Er is niets meer over van wat er was.'

Xiomara legt haar hoofd tegen zijn schouder en snikt.

'Ik heb ook geen verleden meer', zegt hij om haar te troosten. 'Ik kan ook niet meer terug naar waar ik vandaan kom.'

Langzaam komt zijn vriendin tot rust.

'Ik kan je niet missen', zegt Jeronimus, terwijl hij met de rug van zijn hand over haar wangen strijkt. 'Als je teruggaat, loop je het gevaar opnieuw als slavin te worden verkocht.'

Het is een tijdje stil. De zon zakt langzaam achter de bergen.

'Op De Kaap heb je een berg die lijkt op een tafel', zegt Jeronimus. 'Daar keek ik elke dag naar. Als ik vrij was, klom ik er wel eens op en genoot van het prachtige uitzicht over de stad en de zee. Daar verlang ik soms ook naar terug. Maar ik lever het graag in voor wat ik daarvoor heb teruggekregen.'

Hij kust zijn vriendin in haar haren.

'En zelfs als je het zou willen, hoe moet je daar komen? Je zou al als verstekeling aan boord van een schip moeten gaan.'

Xiomara denkt lang na over de woorden van haar vriend.

'We hebben allebei geen verleden meer', zegt ze. 'Maar vind je het goed als we teruggaan naar de kust?'

'Waarom?' vraagt Jeronimus.

'Als ik daar mijn vingers in het zeewater steek, is dat dan hetzelfde water dat ook langs de kust van Madagaskar is gespoeld?'

'Ja, die kans is heel groot. Jouw land is erg groot.'

'Dan wil ik daar naartoe. Ik wil in ieder geval mijn land kunnen voelen.'

Hoewel Jeronimus er veel moeite mee heeft dat hij zijn plezierige werk bij boer Matthijssen moet opgeven, heeft hij het graag voor zijn vriendin over. Als Jeronimus boer Matthijssen vertelt dat ze naar de kust willen terugkeren, is hij hoogst verbaasd.

'Ik dacht dat jullie het hier naar je zin hadden?'

'Dat hebben we ook', zegt Jeronimus. 'We zijn heel tevreden over ons werk hier en de behandeling die we van u krijgen. We hadden geen betere baas kunnen treffen. Maar we hebben heimwee naar de kust.'

'Dat kan ik niet wegnemen', zegt de boer glimlachend. 'En ik weet wat het is. Ik kom uit Holland. Daar verlang ik ook nog vaak naar terug, hoewel het er altijd waait en koud is. Hier is het veel ruimer en aangenamer. Maar toch... Misschien dat ik ooit nog eens naar dat kikkerlandje terugkeer.'

Op de dag van vertrek geeft hij Jeronimus veel meer geld mee dan wat ze die week hebben verdiend.

'Maar dit is veel te veel', zegt Jeronimus als hij de munten heeft nageteld.

'Dat is voor de kosten onderweg en alvast een voorschot op jullie eerste salaris als jullie willen terugkomen', lacht hij. 'Jullie waren prima werkkrachten. Ik ben bang dat ik niet gauw zulke goede vervangers voor jullie zal kunnen vinden. Het ga jullie goed!'

Hij geeft hun beiden een stevige handdruk, draait zich om en sluit de deur achter zich.

Naast elkaar lopen Jeronimus en Xiomara het lange grindpad af. Ze kijken aan het eind van het pad nog één keer om naar de witte villa waar ze bijna een jaar hebben gewerkt.

Dan pakt Jeronimus de hand van zijn vriendin, werpt een blik op de zon en kiest de weg naar de kust.

19 Een gestrande meermin

Na drie dagen bereiken ze de kust. Wanneer Xiomara op een duintop staat en de groenblauwe oceaan ziet, verschijnt er voor het eerst sinds lange tijd weer een stralende lach op haar gezicht. Ze laat de hand van Jeronimus los en rent naar de zee. Jeronimus rent haar achterna, maar kan haar niet inhalen. Hij ziet hoe zijn vriendin naar de waterlijn rent en met kleren en al de zee in loopt. Hij volgt haar het water in en vrolijk spatten ze elkaar nat.

Een kwartier later liggen ze op het verlaten strand om zich te laten drogen.

'Hier wil ik wel wonen', zegt Xiomara, terwijl ze gaat zitten en uitkijkt over de zee die zich eindeloos ver uitstrekt.

'Daar is Madagaskar', zegt Jeronimus en wijst met zijn vinger naar het noordoosten.

'Hier heb ik het gevoel dat mijn moederland bereikbaar is', zegt zijn vriendin, terwijl ze die richting op kijkt. 'Ook al zal ik er waarschijnlijk nooit meer komen.'

De dagen erna gaan ze op zoek naar een geschikte plek om te wonen. Jeronimus wil niet te dicht bij de plek gaan wonen waar *De Meermin* is gestrand. Aan het eind van de Struisbaai ligt een klein dorp, Witsand geheten, dat ver genoeg van het wrak ligt. Daar wonen boeren en vissers. Na een paar dagen vindt hij werk bij een boer die varkens en koeien houdt.

'Ik ga morgen wrakhout zoeken om voor ons een huisje te bouwen', zegt hij tegen Xiomara, wanneer ze op een duintop staan vanwaar ze de zee kunnen zien.

'Dit is een mooie plek', zegt zijn vriendin.

Van aangespoeld hout bouwt Jeronimus in korte tijd een hut met een veranda aan de voorkant. Aan de achterkant timmert hij een overkapping, waar hij hout opstapelt voor de koude winterdagen.

Hij maakt twee schommelstoelen die hij op de veranda zet. Daar zitten ze het liefst, in het zachte licht van de avondzon.

Elke dag wanneer hij van zijn werk bij de boer terugkomt, ziet hij vanuit de verte Xiomara al op de veranda zitten. Dan vergeet hij de zware dag en glimlacht.

Aan wie kan ik beter mijn verhalen vertellen? denkt hij.

Xiomara ziet hem al van ver op het strand aankomen.

Wie zou er beter dan ik naar zijn verhalen kunnen luisteren? denkt ze.

Soms verrast hij haar met fruit uit haar eigen land dat heel af en toe op de markt in Witsand te koop is.

'Een stukje verderop is de grond minder zanderig. Misschien kun je daar groente en fruit verbouwen', stelt hij haar op een dag voor.

Ze vindt het een uitstekend idee. Hij helpt haar met het bewerken van de grond en brengt er vruchtbare grond heen. Xiomara werpt zich met hart en ziel op haar nieuwe taak. Als ze voorovergebogen op haar akker aan het werk is, zingt ze vaak de liedjes die ze zich nog herinnert van toen haar moeder haar als kind op haar rug droeg. Eén keer per week gaat ze met een mand groenten en fruit naar de markt in het dorpje Waanhuiskrans.

Elke dag maakt ze een wandeling langs het strand en laat het water minutenlang over haar handen stromen. Dan dompelt ze haar pols met de kralenamulet onder water en sluit haar ogen. In razendsnel tempo scheert ze als een vogel over de blauwe zee en over de groene bossen om te landen in haar dorp langs de rivier in het dal achter de bergen, waar niets is veranderd, waar kinderen in de bomen achter lemuren aanzitten, waar de vrouwen terugkeren van het verzamelen van fruit, waar de mannen

vallen klaarmaken voor de jacht, waar ze eten van allerlei lek-
kernijen, waar ze lachen, waar... Ze wacht net zo lang tot die ene
golf, hoger dan de andere, haar uit haar dagdroom wekt. Met
haar blik op het noordoosten gericht, loopt ze dan terug naar
hun huisje.

Als het hard waait, heeft ze moeite tegen de zeewind in te lopen. Zigzaggend loopt ze dan vaak tussen het zeewier, de ko-
kosnoten en boomtakken door die de golven op het strand hebben geworpen. Zo voel ik me soms ook, denkt ze, afgebroken,
weggewaaid en aangespoeld.

Maar haar droefheid slijt met de tijd en ze lacht steeds vaker
om de grappen van haar vriend. Ze beseft dat hij alles wil doen
om haar gelukkig te zien.

'Waarom heb je mij indertijd bevrijd?' vraagt ze hem op een
avond opnieuw.

Jeronimus voelt zich overrompeld door de vraag, hoewel hij
al lang wist dat die vraag eens zou terugkomen.

'Omdat ik me schuldig voelde', antwoordt hij na een poosje.

'Schuldig over wat?'

Jeronimus kan het niet over zijn lippen krijgen dat hij zich
schuldig voelt over de dood van Xiomara's moeder. Hij is nog
steeds niet in staat Xiomara de hele waarheid te vertellen.

Zijn zwijgen drukt op hem als laaghangende bewolking.

'Ik had nog iets goed te maken', zegt hij na een hele tijd.

'Omdat je hoorde bij de overvallers van ons dorp?'

Hij is blij met haar vraag, waarop hij eerlijk kan antwoorden.

'Ja. Ik wist van tevoren niet dat ik moest helpen jullie mensen gevangen te nemen.'

'En daarom heb je me bevrijd?'

'Ja, en ook omdat ik verliefd op je was geworden.'

'Je zorgde al die tijd zo goed mogelijk voor me.'

'En jij voor mij, toen ik na die zware storm de schade aan het
schip moest helpen herstellen. Was jij toen al een beetje verliefd op mij?'

'Nee, ik denk het niet. Maar ik vond je wel de aardigste van al die zeelieden. Je schreeuwde nooit en sprak altijd op een vriendelijke toon.'

Het is de eerste keer dat ze zo uitgebreid over het verleden spreken.

Xiomara vertelt hem over haar leven als kind in het dorp midden in de jungle. Jeronimus vertelt haar over de dood van zijn ouders en over zijn leven op De Kaap, tot zijn vriendin, tegen zijn schouders leunend, in slaap valt.

Xiomara houdt van de verhalen van Jeronimus. Het doet haar denken aan de verhalen die haar vader haar vertelde toen ze nog een kind was. 's Avonds, na een dag hard werken, vraagt ze vaak of Jeronimus een verhaal wil vertellen. Zijn warme stem brengt haar tot rust, wiegt haar in slaap en schenkt haar de mooiste dromen, die de warme zeewind uit haar geboorteland met zich meevoert.

Op een dag stelt Jeronimus voor naar het wrak van *De Meermin* te gaan kijken.

'Ik wil wel eens zien wat er nog van over is.'

'Denk je niet dat je wordt herkend?'

'Nee, ik denk het niet. Het is alweer anderhalf jaar geleden. Ik ben groter geworden en veranderd. Ik zal voor alle zekerheid een pet opzetten.'

'Je kunt langs het strand blijven lopen', zegt Xiomara. 'Hoe ver is het hiervandaan, denk je?'

'Ik schat zo'n veertig kilometer.'

'Wanneer wilde je gaan?'

'Morgen.'

'Wil je dat we samen gaan?'

Jeronimus kijkt haar aan.

'Ik weet dat je alleen maar nare herinneringen hebt aan dat schip.' 'Ik heb er ook een paar goede herinneringen aan overgehouden', glimlacht zijn vriendin.

'Dan vertrekken we morgen in de namiddag. Dan kunnen we de hele nacht doorlopen.'

'Heb je het al tegen je baas gezegd?'

'Ik heb hem gezegd dat ik familie wilde bezoeken.'

Xiomara pakt eten en drinkwater in voor onderweg. Tegen de avond de dag erop sluiten ze hun duinhuisje en gaan op pad.

Ze hebben de wind in de rug en bereiken de volgende ochtend de plek waar *De Meermin* zou moeten liggen.

'Kijk', zegt Jeronimus. 'Ik herken die houten brug over de rivier. Nu kan het niet ver meer zijn.'

Dan zien ze op korte afstand van het strand nog een klein stukje mast boven het water uitsteken.

'Toen we vluchtten, stak de voorkant ook nog boven het water uit', stelt Jeronimus vast.

Xiomara zegt niets. Ze denkt met pijn terug aan haar vreselijke gevangenschap in het ruim en met vreugde aan de uitzinnige blijdschap na de opstand.

Opeens springen details terug in haar hoofd die ze al lang was vergeten. Ze herinnert zich de woedeaanval van Jeronimus, toen ze aan boord van *De Meermin* was gestapt. Een zeeman met een rode hoofddoek om had haar voor de grap laten struikelen en Jeronimus was kwaad geworden op die man...

Ze kijkt haar vriend liefdevol aan. Ze beseft dat hij haar al vanaf het begin heeft beschermd. De wind doet zijn blonde krullen omhoog waaien.

'Ik ga het boegbeeld van het schip halen', zegt hij plotseling, terwijl hij zijn kleren al begint uit te trekken.

'Wat is een boegbeeld?'

Xiomara kent al veel Nederlandse woorden, maar dat woord nog niet.

'Dat is een houten beeld dat als versiering op de boeg van het schip staat. Vaak beeldt het de naam van het schip uit.'

'Op een plank in het dek vlakbij de grote mast heb ik de gezichten van mijn vader en moeder in het hout gekerfd. Als je die ziet, wil je die dan ook meenemen?'

'Ik ga mijn best doen', zegt haar vriend.

Xiomara kijkt om zich heen het strand af. Dan ziet ze een lang stuk touw liggen. Ze pakt het op en zonder iets te zeggen bindt ze het dikke touw om het middel van Jeronimus. Het andere uiteinde van het touw houdt ze in haar hand.

'Voor als je ergens aan blijft haken', zegt ze.

Jeronimus houdt zijn broek aan.

'Daar zit mijn mes in', zegt hij om haar gerust te stellen.

'Wacht!' zegt Xiomara.

Ze doet haar amulet met de indritanden af en doet hem om de hals van haar vriend.

Met ferme slagen zwemt Jeronimus naar de plek waar de mast boven water steekt. Xiomara loopt met het touw een stuk de zee in. Ze staat tot haar middel in het water.

Jeronimus duikt langs de mast onder water. Op de plek waar de mast door het dek steekt, bekijkt hij de dekplanken nauwkeurig. Dan ziet hij de plank waarin, in donkere lijnen, twee figuren gekrast staan. Hij rukt aan de plank, die al snel meegeeft, en trekt hem los.

Snel zwemt hij naar boven en komt proestend boven water. Terug op het strand laat hij de plank aan Xiomara zien.

'Dat is 'm!' zegt zijn vriendin. 'O, wat goed, Jeronimus, dat je hem hebt gevonden!'

Van blijdschap slaat ze haar armen om zijn hals en kust hem onstuimig. Ze strijkt met haar hand door zijn natte krullen. Het is net alsof Jeronimus de hand van zijn moeder en zijn vader door zijn haar voelt strijken. Hij is blij dat er weer iemand trots op hem is.

'Nu het boegbeeld nog', zegt Jeronimus, die zich met tegenzin uit haar omarming losmaakt.

'Anders heb ik zo dadelijk helemaal geen zin meer', voegt hij eraan toe.

Hij duikt in het water en zwemt weer naar *De Meermin*.

Xiomara ziet hoe Jeronimus een paar keer onder water duikt

om de juiste plaats van de voorkant van de gezonken schuit vast te stellen.

Dan duikt hij recht omlaag de diepte in. In het troebele water van de branding is het zicht beperkt. Met zijn handen tast hij om zich heen en raakt dan de punt van het schip. Hij laat zich langs de punt omlaag zakken en ziet het boegbeeld zitten. De boeg van *De Meermin* is al zo diep in het zand gezakt dat het beeld slechts voor de helft boven de zeebodem uitsteekt.

Hij haalt zijn mes tevoorschijn en begint het beeld los te wrikken van de boeg. Na een paar vergeefse pogingen merkt hij dat hij in ademnood komt en hij zwemt omhoog naar de oppervlakte.

Xiomara heeft al die tijd in spanning naar de plaats gekeken waar ze haar vriend voor het laatst onder water heeft zien duiken. Ze haalt opgelucht adem wanneer hij, naar adem happend, boven water komt.

Jeronimus zwemt naar haar terug.

'Het boegbeeld is er nog wel. Maar het zit behoorlijk vast. Het lukt me niet het met mijn mes los te wrikken. Ik kan onder water niet veel kracht zetten.'

'Hoe diep zit het?'

'Zo'n drie meter onder water. Het zit al half in het zand. Dat maakt het extra zwaar om het los te krijgen.'

'En met dit touw?'

Hoe bedoel je?'

'Als je het een klein beetje weet los te wrikken, kun je dit touw eromheen binden. Dan kunnen we samen trekken.'

'Je bent een genie!' roept Jeronimus uit.

Het volgende ogenblik tilt hij zijn vriendin op van de grond en draait haar alle kanten op. Hij kijkt naar haar stralende gezicht en voelt zich gelukkiger dan ooit. Hij zet haar op de grond.

'Ik mag niet te veel krachten verliezen door zware gewichten te tillen', grapt hij.

Hij ontwijkt de tik die Xiomara hem wil geven. Als hij even

later naast haar gaat zitten en naar de staalblauwe zee tuurt, voelt hij dat ze naar hem kijkt. Ze glimlacht.

Ik hou van haar, denkt Jeronimus. Ik wil haar nooit meer kwijt.

Hij pakt haar hand en een poosje zeggen ze niets.

Dan staat hij op en zwemt terug naar de plaats van het wrak. Hij duikt opnieuw en wringt zijn mes tussen het beeld en het boord. Als de opening groot genoeg is, haalt hij boven water adem en duikt daarna opnieuw om het mes in de smalle opening tussen het beeld en de boeg te duwen. Hij trekt uit alle macht en weet het boegbeeld weer een stukje losser te krijgen. Hetzelfde doet hij aan de andere kant van het beeld, dat na verschillende pogingen alleen nog in het midden aan de boeg vastzit. Dan legt hij het touw in verschillende lussen om het boegbeeld.

'Trek maar!' roept hij, als hij weer boven water is gekomen.

Xiomara leunt met haar hele lichaam achterover en trekt uit alle macht. Ze voelt wel dat er enige beweging in het beeld zit. Jeronimus zwemt terug naar het strand en gaat achter haar staan.

'Ik tel tot drie en dan trekken we met alle kracht die we hebben', zegt hij.

Eerst lijkt er niet veel beweging in het beeld te komen, maar plotseling schiet het los. Jeronimus en Xiomara vallen pardoes achterover, Xiomara boven op haar vriend.

'Wat een...', wil Jeronimus zeggen, maar zijn vriendin is hem voor en heeft zich vliegensvlug omgedraaid om haar hand op zijn mond te leggen. Voorzichtig trekt ze haar hand terug, maar zo dat ze dreigt hem een draai om z'n oren te geven.

'Wat een... grote vis, wilde ik zeggen', roept Jeronimus lachend uit.

'Dan is het goed', zegt zijn vriendin. 'Maar ik had even de indruk dat je iets anders wilde zeggen.'

'Geen krul op mijn hoofd die daaraan denkt', spot hij verder.

176

Ze halen het touw binnen en dan komt het boegbeeld van de meermin het strand op.

'Wat een mooi beeld!' zegt Xiomara, die het beeld nu pas voor het eerst goed ziet.

Het is het bovenlichaam van een vrouw in rood, wit en blauw en het onderlijf van een vis waarvan de schubben groengrijs zijn geschilderd.

Jeronimus tilt het beeld uit het water en maakt het touw los. Hij legt het op het zand te drogen.

'Ik zie het nu ook pas voor het eerst van zo dichtbij. Het is inderdaad een prachtig beeld.'

'Wat ga je ermee doen?' vraagt Xiomara.

'Ik hang het boven de deur van ons huis.'

Xiomara denkt terug aan het houten beeld dat boven de deur van hun hut hing. Het was het hoofd van haar grootvader waaraan haar vader dagenlang had gewerkt.

'Dat wil ik ook doen met de afbeelding van mijn ouders', zegt ze wijzend op de plank. 'Zij worden onze beschermgeesten. Zij zijn de verbinding tussen ons geboorteland en dit land.'

Ze rusten een half uur uit op het strand, eten en drinken wat en beginnen aan de terugtocht. In een flauwe bocht van de kust draaien ze zich voor de laatste maal om.

'De volgende keer is de mast waarschijnlijk ook onder water verdwenen', zegt Jeronimus.

'Haar verdiende lot', zegt Xiomara. 'Het is de straf van mijn voorouders, omdat het schip slaven heeft vervoerd.'

Jeronimus heeft het laatste halfjaar niet meer vaak gedacht aan zijn belevenissen op *De Meermin*. Het lijkt wel of met de verdwijning van *De Meermin* ook zijn ervaringen op het schip onder het zand zijn komen te liggen. Hij weet zeker dat hij nooit meer naar deze plek zal terugkeren.

Jeronimus draagt het houten beeld, Xiomara de plank met de tekening. Om niet al te veel op te vallen, wikkelt Jeronimus het boegbeeld in een stuk zeil dat ze onderweg op het strand vinden.

Als de schemering invalt, rusten ze uit op het droge deel van het strand tegen de duinen aan. Xiomara vist een grote schelp uit het zand die geel, oranje, rood en paars is gekleurd.

'Zulke mooie kleuren heb je ook in mijn moederland.'

'Dat geloof ik graag', zegt Jeronimus. 'Ik stond verbaasd van de kleurige bloemen in het oerwoud.'

Ze kijken naar het spiegelende water en hun gedachten golven mee met de lichte deining van het water.

Jeronimus slaat zijn arm om haar heen.

'Soms weet ik niet precies wat ik er allemaal van moet denken', zegt hij. 'Aan de ene kant ben ik blij dat ik met *De Meermin* ben mee geweest. Anders had ik jou nooit ontmoet. Aan de andere kant vind ik het verschrikkelijk hoe jullie eigen landgenoten jullie hebben verkocht en hoe wreed wij zeelieden met jullie zijn omgegaan.'

'Het was vooral zo vernederend', zegt Xiomara. 'Op het schip beschouwde niemand ons als mensen, maar louter als koopwaar. Behalve jij.'

De tranen staan in haar ogen. Beiden zien ze hoe de oranjerode zon langzaam onder de horizon in zee zakt. Xiomara krijgt het koud en begint te rillen. Jeronimus drukt haar dichter tegen zich aan.

'We hebben allebei geen ouders meer', zegt Jeronimus. 'We hebben alleen elkaar nog.'

'Dat is genoeg', zegt ze.

'Kom, we gaan slapen', zegt haar vriend.

Ze lopen het duin op om uit de wind in een dal achter de duinen te gaan slapen. Hij gaat zo liggen dat hij met zijn rug de wind opvangt. Zo liggen ze als twee keurig gerangschikte schelpen naast elkaar. Als hij halverwege de nacht wakker wordt, trekt hij zijn cape uit en hij legt die over zijn vriendin heen om haar warm te houden.

Bij het eerste daglicht lopen ze verder. Na een paar uur zien ze in de verte hun huisje op de duintop liggen. Moe van de tocht en de korte nacht vallen ze een poosje later neer op de schommelstoelen op hun veranda. Ze wiegen zichzelf in slaap. Tegen het middaguur worden ze pas wakker. De zon staat intussen al hoog aan de hemel.

Ze turen beiden naar een groot schip dat ondanks alle uitstaande zeilen op de gladde blauwe spiegel van de zee nauwelijks vooruitkomt.

'Weet je waarom ik het boegbeeld zo graag wil ophangen?' zegt Jeronimus.

Xiomara kijkt hem vragend aan.

'Omdat jij dat bent. Jij bent mijn gestrande meermin.'

Xiomara wendt haar ogen van hem af en staart schuin naar de zee in de richting van Madagaskar.

Daarna draait ze haar gezicht naar haar vriend.

'Ja, Jeronimus, dat ben ik, een gestrande meermin.'

En ze geeft hem haar mooiste glimlach.

20 Een belangrijke ontdekking!

Dan is het plotseling stil. De jongens kijken op naar de oude visser en zien de tranen in zijn ogen staan. Met een smoezelige zakdoek veegt hij snel zijn ogen droog. Het blijft even stil, terwijl de visser en de jongens luisteren naar het geluid van de wind die om het huisje giert. Ze hebben allemaal hun eigen gevoelens bij het verhaal van *De Meermin*. Dan verbreekt de visser de stilte.

'Zo, nu kan ik wel wat sterks gebruiken', zegt hij.

Uit een bestofte fles schenkt hij een bodempje drank voor zichzelf in.

Ook de jongens hebben hun stem teruggevonden.

'Wat zou het gaaf zijn als we de tekening van de ouders van Xiomara zouden terugvinden!' zucht Asiphe.

'Of een assegaai of een dolk', vult Tom aan.

'*De Meermin* kan hier dus echt onder het zand liggen?' vraagt Asiphe aan de visser.

'Dat zou heel goed kunnen. Maar er zijn hier wel meer schepen in een storm met man en muis vergaan. Ik kan me de verhalen van mijn vader en opa nog goed herinneren. Er spoelden dan nog wekenlang allerlei spullen van zo'n schip aan. Maar tegenwoordig zijn de schepen natuurlijk veel beter gebouwd en hebben de stuurlieden nauwkeurige instrumenten om een schip te besturen. Hoe heten die dingen ook alweer?'

'Een radar', oppert Tom.

'Nee, dat bedoel ik niet. Het is een soort televisie.'

'O, u bedoelt een computer.'

'Precies', zegt de oude visser.

Hij pakt het beslag van de scheepskist van tafel, dat Tom en Asiphe die middag in de grot hebben gevonden. Hij wrijft met zijn duim over het scharnier.

'Dit moeten jullie maar naar het Scheepswrakkenmuseum brengen, jongens.'

Met spijt geeft hij het stuk ijzer aan Asiphe.

Tom en Asiphe nemen afscheid van Mike en lopen met hun vondst terug naar huis. De volgende dag na school brengen ze weer een bezoek aan David Benton. Die is laaiend enthousiast over het scheepsbeslag.

'Ik stuur dit meteen door naar Kaapstad', zegt hij opgewonden. 'Dan kunnen ze deze vondst meenemen in hun onderzoek naar de oorsprong van de slavenketting die ik vorige week vond.'

Tom en Asiphe voelen zich heel belangrijk. Dat hebben ze maar even mooi voor elkaar gekregen! Ze kunnen niet wachten om verder te zoeken naar overblijfselen van *De Meermin*.

Van David krijgen ze de metaaldetector weer mee en twee weken lang zoeken ze elke middag het strand af.

In weer en wind zoeken ze gestaag verder, af en toe onderbroken door een kopje thee bij de oude visser. Ze vinden heel wat rommel, maar niets interessants. Als ze het strand twee keer hebben afgezocht, gaan ze de duinen in.

'Kunnen er eigenlijk wel overblijfselen van *De Meermin* in de duinen liggen?' vraagt Tom zich af. 'Dat is toch te ver van zee?'

'Jij hebt ook niet opgelet bij aardrijkskunde. In de loop van de tijd spoelt er steeds meer zand aan op het strand, en dat worden dan de duinen,' antwoordt Asiphe wijs.

'Gek idee dat we misschien op dezelfde plek lopen als waarop de slaven hebben gelopen', merkt Tom op.

'Wat moet het erg zijn geweest voor die slaven! Dan denk je dat je weer thuis bent, maar dan word je alsnog gevangengenomen...'

En dan, bovenop een duintop, geeft de metaaldetector een luid en duidelijk signaal.

'Dit is iets groots!' roept Tom blij uit.

De jongens graven met hun handen een groot gat, maar komen niets tegen.

'Er moet echt wel wat in de grond zitten, want de detector blijft maar uitslaan', zegt Asiphe uitgeput na twee uur graven. 'We moeten het anders aanpakken.'

De jongens kijken elkaar teleurgesteld aan.

'We moeten morgen maar terugkomen en versterking meenemen', oppert Tom. 'Er zit niks anders op. Zo krijgen we het niet uit de grond.'

De volgende dag vertellen de jongens op school over hun vondst. Ze krijgen vijf klasgenootjes zo ver dat ze na school met hen meegaan naar de duinen.

Gewapend met scheppen gaan ze aan de slag. Maar hoewel de metaaldetector blijft piepen, vinden ze de eerste uren helemaal niets. Totdat Tom plotseling met zijn schep tegen iets hards aanstoot.

'Ik heb wat!' roept hij opgetogen uit. Met veel moeite graven ze een stuk hout van zo'n anderhalve meter lengte op.

'De paal zit vol met koperen nagels', zegt Asiphe. 'Daarom ging de metaaldetector natuurlijk af!'

Vol goede moed graven ze verder. In de loop van de middag vinden ze twee aardewerken pijpen, een vingerhoed, een stuk ijzer, een hoop scherven en veel spijkers. Met de hele groep lopen ze langs het huisje van de visser, die enthousiast reageert.

'Dat lijkt wel een stuk van een scheepsmast', zegt hij, wijzend naar de houten paal. 'Ik kan me vergissen, maar het heeft wel de juiste vorm.'

Met zijn handen glijdt hij over het hout.

'Het is opmerkelijk goed bewaard gebleven', mompelt hij. 'En wat hebben jullie nog meer?

De jongens leggen de andere vondsten op tafel.

'Kijk eens aan, twee pijpen en een vingerhoed', zegt hij met bewondering in zijn stem.

'Wat is een vingerhoed?' vraagt een klasgenootje van Tom en Asiphe.

'Die beschermt je vingers tegen de scherpe naald bij het naaien', zegt Mike.

'Maar naaien is toch meidenwerk?' roept Tom verbaasd uit.

'Tja, er waren in die tijd nu eenmaal geen vrouwen aan boord van een schip. Om allemaal praktische redenen, maar zeelui geloofden ook dat vrouwen aan boord ongeluk brachten. Het is trouwens heel handig om zelf je sokken te kunnen stoppen, hoor jongens!'

'Heeft u geen vrouw dan?' vraagt een klasgenootje.

'Mijn vrouw is zeven jaar geleden overleden. Ik mis haar nog elke dag, en niet alleen omdat ik nu zelf mijn sokken moet stoppen...' Het is even stil in het huisje.

Dan pakt de visser een van de pijpen. 'Mag ik deze hebben?' vraagt de oude visser gretig.

Tom en Asiphe kijken elkaar aan. Zou dat mogen?

'Tja, we hebben er toch twee gevonden', zegt Asiphe aarzelend.

'Kiest u de mooiste maar uit.'

De jongens begrijpen niet zo goed waarom hij zo graag een pijp wil hebben. Maar zonder het verhaal van Mike waren ze nooit naar *De Meermin* gaan zoeken. Ze vinden het wel terecht dat hij deelt in de buit. Blij wrijft de visser de pijp schoon en zet deze voorzichtig op een plank in zijn stoffige huisje.

De volgende dag kijkt de chauffeur van de schoolbus vreemd op als Tom en Asiphe met de houten paal de bus in willen stappen.

'Dat kost jullie een extra kaartje hoor, jongens!' maakt hij een grapje.

'Deze paal hebben we gisteren opgegraven in de duinen', legt

Asiphe uit. 'We denken dat het een stuk van de mast van een schip is. We willen 'm na schooltijd naar het Scheepswrakken-museum brengen.'

'Het wordt steeds erger met jullie', moppert de chauffeur goedig. 'Eerst die metaaldetector, nu een mast, en straks willen jullie een heel schip in mijn bus stoppen!'

Maar hij lacht naar de jongens en gebaart dat ze de bus in mogen.

Asiphe en Tom zijn blij dat ze versterking hadden geregeld, want de houten paal van school naar het Scheepswrakkenmu-seum slepen, is geen makkelijke klus. David kijkt verbaasd op als de groep jongeren buiten adem zijn museum komt binnen-vallen.

'Wat hebben jullie nu weer opgeduikeld?' vraagt hij nieuws-gierig. De jongens laten de spullen zien. Ze hebben afgespro-ken niets te zeggen over de pijp die ze aan de visser hebben ge-geven.

David laat de spijkers en scherven door zijn handen glijden en bekijkt de houten paal van alle kanten.

'Die visser van jullie kan wel eens gelijk hebben. Dit kan best een stuk van een mast zijn. Hier kunnen ogen hebben gezeten om zeilen aan te bevestigen', wijst hij. 'En de nagels dienden om het hout te verstevigen. Kijk, je ziet hier een scheur in het hout lopen. Het lijkt wel of dit gerepareerd is.'

Tom en Asiphe kijken elkaar veelbetekenend aan.

'Dan moet het van *De Meermin* zijn!' zegt Tom vol overtui-ging.

David Benton kijkt hem verbaasd aan.

'De oude visser heeft ons het hele verhaal van *De Meermin* verteld.'

'En ook dat de mast is gerepareerd', vult Asiphe aan.

'Ik moet toch eens met die visser gaan praten', zegt David. 'Hij weet blijkbaar heel veel van *De Meermin* af. De mast kan van *De Meermin* zijn, maar dat is natuurlijk niet zeker. Er zijn hier heel veel schepen op de kust kapot gelopen. Kennen jullie de grote ontdekkingsreiziger Bartolomeu Diaz?'

'Ja, daar heb ik wel eens van gehoord', zegt Tom met een knipoog naar zijn vriend. Maar de klasgenoten van Tom schudden hun hoofd.

'Dat is degene die voor het eerst Kaap De Goede Hoop rondde. Hij vertrok in augustus 1487 met een kleine vloot uit Portugal en voer langs Afrika, waar hij hier en daar stenen kruisen op de kust plaatste. In februari 1488 zette hij voet aan wal in Zuid-Afrika. En weet je waar hij landde?'

Asiphe schudt zijn hoofd.

'In de Mossel Bay. Die ligt hier een paar honderd kilometer vandaan. Daar staat nu het Bartolomeu Diaz Museum, waarin een kopie te vinden is van het schip waarop hij voer.'

David noteert zorgvuldig alle spullen die ze hebben binnengebracht. Hij laat het verroeste stuk ijzer door zijn handen glijden en bekijkt het van alle kanten.

'Ik vraag me af...', mompelt hij. 'Maar dat zou wel ál te mooi zijn...'

David belooft de jongens de vondst zo snel mogelijk door te sturen naar het Iziko Museum in Kaapstad.

Een week gaat voorbij, zonder dat de jongens iets van David horen. De jongens vinden het allemaal maar lang duren. Ze willen weten of ze een belangrijke vondst hebben gedaan of niet. Maar de week daarop worden de jongens uit de les gehaald en naar de kamer van de directeur gebracht. Verbaasd lopen ze door de gang en overleggen fluisterend met elkaar of ze iets verkeerd hebben gedaan. Ze kunnen niets bedenken wat erg genoeg is om bij de directeur te komen...

De directeur doet zijn deur open en de jongens zien David met een donkere man aan tafel zitten. De man staat op en geeft Tom en Asiphe een hand.

'Ik ben Themba Croetzer, maritiem archeoloog* van het Iziko Museum uit Kaapstad', stelt hij zichzelf voor. 'Ik begreep van David dat jullie zijn beste medewerkers zijn.'

Hij werpt de jongens een vriendelijke blik toe en geeft ze een knipoog.

'Ik doe sinds 1999 onderzoek naar het VOC-schip *De Meermin*, dat hier vlakbij is gestrand. Jullie vondst vind ik heel interessant. Het stuk hout is een deel van een scheepsmast uit de tijd van *De Meermin*. En het stuk verroeste ijzer had ook een verrassing voor ons...'

Hij wijst de jongens op een glimmende speerpunt die op tafel ligt. 'Dit is de punt van een assegaai, waarschijnlijk afkomstig uit Madagaskar!'

De jongens zijn zo verrast dat ze even niet weten wat ze moeten zeggen.

'Ik weet natuurlijk niet of jullie echt de plek van *De Meermin* hebben gevonden, maar ik wil graag wat nader onderzoek doen op de plek waar jullie hebben gegraven', gaat Themba verder. 'Willen jullie me laten zien waar dat is?'

Themba rijdt met Asiphe, Tom en David in zijn jeep naar de duinen. Zonder aarzelen lopen Tom en Asiphe naar de plek waar ze de houten paal hebben gevonden. Ze kennen dit stuk duin inmiddels op hun duimpje. Themba bekijkt het gat, dat inmiddels al weer bijna dicht zit met zand. Hij praat met David en legt dan aan de jongens uit: 'Hier zouden we een aantal graafmachines op moeten zetten. Het is altijd lastig om op dit soort plekken te graven, want het grondwater staat zo hoog dat een net gegraven gat bijna meteen volloopt met water. Daar zijn speciale machines voor. Maar die zijn niet goedkoop...'

Hij bekijkt het gat nog eens van alle kanten, en zegt dan beslist: 'Ik zal rapport uitbrengen in Kaapstad en kijken hoeveel geld ik bij elkaar kan krijgen!'

21 Een eervolle medaille

Een tijdlang horen de jongens niets meer van Themba. Hoewel ze regelmatig praten over hun vondst in de duinen en af en toe nog met de metaaldetector de duinen afspeuren, zijn ze ook met andere dingen bezig. Na de zomer gaan Tom en Asiphe naar de middelbare school. Ze moeten hard werken om over te gaan.

Op een donderdagmiddag komt Asiphe moe thuis van een lange dag werken op school. Hij loopt de keuken in en ziet op de tafel een grote envelop liggen. Geadresseerd aan hem! Nieuwsgierig scheurt hij de envelop open. Er zit een officiële uitnodiging in voor de opening van een nieuwe tentoonstelling in het Iziko Museum in Kaapstad. De tentoonstelling is gewijd aan de VOC-tijd en de gebeurtenissen op het slavenschip *De Meermin*. Er valt een handgeschreven briefje uit de envelop.

Beste Asiphe,

Ik hoop dat jij en Tom naar de opening kunnen komen. Mede door jullie vondsten is deze tentoonstelling tot stand gekomen.

Groeten,
Themba Croetzer

Enthousiast rent Asiphe naar Toms huis.
'Heb jij ook een uitnodiging gekregen?' roept Asiphe.
'Ja, leuk hè?' antwoordt Tom enthousiast.
Ze voelen zich best vereerd door de persoonlijke uitnodiging van Themba.

'Zouden David en Mike ook uitgenodigd zijn?' vraagt Asiphe zich af.

'Zullen we morgen even langs het museum lopen om het te vragen?'

'Goed plan', vindt Tom.

De volgende dag zoeken de jongens David Benton op in het Scheepswrakkenmuseum. Hij is druk bezig met het herinrichten van de vitrines.

Tom vraagt hem of hij ook een uitnodiging heeft gehad voor de opening van de tentoonstelling in het Iziko Museum.

'Ja, Themba heeft mij vorige week gebeld en uitgenodigd. Bovendien vertelde hij dat de collectie hier naartoe komt als de tentoonstelling in Kaapstad is afgelopen. Hij vindt dat de geschiedenis van *De Meermin* hier in Bredasdorp thuishoort.'

'Wat leuk!' reageert Asiphe. 'Dan kunnen we heel vaak langskomen om de assegaai te bekijken!'

'Ik ben maar alvast begonnen met het vrijmaken van ruimte, want het is de mooiste collectie die we hier in het museum ooit zullen krijgen', zegt David.

'Is Mike ook uitgenodigd voor de opening?' vraagt Tom.

'Goed dat je het vraagt. Themba vroeg of jullie hem willen uitnodigen. Hij kon de visser niet bereiken. Hij is wel een paar keer bij Mike langs geweest voor informatie over *De Meermin* en heeft veel aan zijn verhalen gehad.'

Zaterdagochtend lopen de jongens naar Mikes huisje in de duinen. De visser is buiten bezig zijn netten schoon te maken.

'Zo, komen jullie weer speuren naar schatten van *De Meermin*?'

'Nee, dit keer niet', zegt Tom. 'We hebben een uitnodiging voor u!'

De visser kijkt verbaasd op.

'Wat spannend! Zullen we binnen even een kop thee drinken?'

Binnen in het huisje haalt Asiphe zijn uitnodiging uit zijn

broekzak. 'Kijk, ze hebben in Kaapstad een hele tentoonstelling gewijd aan *De Meermin*. Wij zijn allemaal uitgenodigd voor de opening!'

Mike pakt de uitnodiging en leest deze aandachtig door.

'Zo, zo. Het is mooi dat *De Meermin* eindelijk de aandacht krijgt die ze verdient. Ik kom eigenlijk nooit meer buiten Waanhuiskrans, maar hiervoor moet ik maar eens een uitzondering maken.'

Twee weken later rijden Mike, Tom en Asiphe met David Bentons auto naar het Iziko Museum in Kaapstad. De jongens herkennen Mike bijna niet met zijn nette pak en zwarte hoed.

Als ze bij het museum uitstappen, vraagt Mike aan Asiphe en Tom of ze een pakket uit de kofferbak van de auto willen meenemen. Themba Croetzer begroet de groep als ze het museum binnen komen lopen. Hij wijst ze een mooi plekje vooraan in de grote aula van het museum. Themba loopt druk heen en weer met belangrijk uitziende gasten. Na een minuut of tien, als de zaal bijna helemaal vol zit, gaat hij achter de microfoon staan en neemt het woord.

'Ik heet jullie van harte welkom bij de opening van de bijzondere tentoonstelling 'De VOC en *De Meermin*. De VOC heeft veel invloed gehad op de ontwikkeling van Zuid-Afrika zoals we het nu kennen. Het is belangrijk dat we onze geschiedenis kennen, ook de minder fraaie gedeeltes. Slavernij is onlosmakelijk verbonden met onze geschiedenis.

In onze nieuwe tentoonstelling vertellen we het verhaal van de slavernij aan de hand van de belevenissen van een meisje uit Madagaskar dat als slavin wordt meegenomen in opdracht van de VOC. Het VOC-schip *De Meermin* vervoerde in 1765 140 slaven uit Madagaskar naar Zuid-Afrika. Wat *De Meermin* zo bijzonder maakt, is dat het een van de weinige slavenschepen is waarop ooit muiterij is ontstaan. Er is veel over dit schip bekend, want naar aanleiding van de muiterij is er een proces geweest tegen de kapitein van het schip, hier in Kaapstad. Er bestaat zelfs nog een schets van het schip. Dat bevindt zich in het Scheepvaartmuseum in Amsterdam. Ook is de brief van de gegijzelde koopman Leij bewaard gebleven.

De Meermin is niet ver hiervandaan gestrand en vergaan. Maar door een vondst hebben we hoogstwaarschijnlijk een aantal waardevolle voorwerpen van *De Meermin* teruggevonden. We hebben onder andere een gave punt van een speer uit Madagaskar in de collectie, een stuk van een ketting waarmee de slaven in het ruim waren vastgeketend, en een deel van de mast van het schip. Deze recente vondst bevatte waardevolle aanwijzingen, waardoor we de plek van het wrak van *De Meermin* hebben gelokaliseerd. Hopelijk kunnen we binnenkort met de nieuwste apparatuur nader onderzoek doen. Op deze plek is de geschiedenis nog warm...

Door verder onderzoek komen we misschien nog meer te weten over een hardvochtige, vergeten episode uit de geschiedenis van Zuid-Afrika en Nederland.'

Themba werpt een betekenisvolle blik op een aantal net geklede heren die op de eerste rij zitten. Daarna knipoogt hij naar Tom en Asiphe.

'De belangrijkste archeologische vondsten', gaat de maritiem archeoloog verder, 'worden vaak door gewone mensen gedaan. Het is tekenend dat de plek van *De Meermin* waarschijnlijk is gevonden door twee nieuwsgierige jongens die geraakt werden door het tragische lot van de slaven op *De Meermin*. Door hun enthousiasme en lef kunnen we u vandaag deze bijzondere tentoonstelling laten zien. Het museum wil de jonge archeologen Tom en Asiphe bedanken door ze erelid te maken van ons museum. Hierbij hoort een speciale medaille.'

Themba vraagt de jongens naar voren te komen en speldt ze een bronzen medaille op hun borst. Tom en Asiphe glimmen van trots.

'Het verhaal van het slavenmeisje Xiomara is door overlevering bewaard gebleven', beëindigt Themba zijn toespraak. 'Mike Jeroms is zo vriendelijk geweest dit bijzondere verhaal met mij te delen. Daarom willen we hem ook graag onderscheiden.'

Verlegen komt Mike naar voren gelopen en krijgt van Themba een medaille opgespeld. Tot zijn verbazing haalt de oude visser een pakket onder zijn pak vandaan en geeft het aan Themba. Deze wikkelt de oude kranten van het pakket af. Er komen een logboek en een brief tevoorschijn.

'Dit is het logboek van kapitein Christoffel Muller en de brief van koopman Olof Leij van *De Meermin*', zegt hij.

Daarna geeft hij Themba het pakket dat de jongens uit de auto hebben meegenomen. Terwijl de directeur van het museum het openmaakt, zegt Mike: 'En dit is het boegbeeld van *De Meermin*. Ik vind dat deze voorwerpen in uw tentoonstelling thuishoren.'

'Hoe komt u aan deze spullen?' vraagt Themba verbaasd.

'Ik ben een ver achter- achter- achterkleinkind van Jeronimus en Xiomara, het slavenmeisje waar deze tentoonstelling over gaat. Mijn naam "Jeroms" is verhaspeld in de loop der eeuwen. Jeronimus en Xiomara, mijn verre voorouders, woonden in Witsand, maar later is onze familie naar Waanhuiskrans verhuisd. Het verhaal van Jeronimus, een blanke scheepsjongen van De Kaap, en Xiomara, een slavenmeisje uit Madagaskar, is door mijn familie altijd aan de volgende generatie doorgegeven. Het logboek heeft natuurlijk geholpen om de feiten op een rijtje te houden.'

Bij iedereen in de zaal valt de mond open van verbazing. Hier staat een regelrechte nazaat van twee van de opvarenden van *De Meermin*.

Tom en Asiphe kijken elkaar verrast aan.

'Nu snap ik ook waarom Mike zo graag die pijp wilde hebben', fluistert Asiphe.

'Ja, en waarom hij het verhaal van *De Meermin* zo goed kent, met alle details', fluistert Tom terug.

Mike gaat snel weer zitten. Hij houdt er duidelijk niet van om in het middelpunt van de belangstelling te staan.

Themba is erg onder de indruk van wat de visser zojuist heeft bekendgemaakt.

'Ik kan nauwelijks onder woorden brengen hoe blij ik ben met deze kostbare voorwerpen. Ze zullen een mooie plek krijgen in de tentoonstelling. Ik hoop ook dat alle aandacht voor deze tentoonstelling in de landelijke kranten en op de televisie ertoe zal leiden dat we sponsors kunnen vinden om het onderzoek naar de resten van *De Meermin* voort te zetten.'

Weer werpt Themba een blik op de heren vooraan.

'Volgens mij zijn dat mensen die het onderzoek misschien wel willen sponsoren', fluistert Tom tegen Asiphe.

'Mag ik u nu uitnodigen de tentoonstelling te bekijken?' sluit Themba af.

Er volgt een lang applaus. De bezoekers lopen de aula uit naar de tentoonstelling.

Tom en Asiphe slenteren met David Benton langs de mooie collectie.

'Waar ligt Amsterdam eigenlijk?' vragen ze aan David.

'In een heel klein landje, Nederland geheten. Hoezo?'

'Ik zou die schets van *De Meermin* wel eens willen zien', zegt Tom.

'Geen probleem. We leven in het tijdperk van internet, jongeman. Ik kan die zo voor je opvragen.'

'Zouden we daarvan een afdruk kunnen krijgen?'

'Komt voor elkaar, schatgraver', lacht David Benton, 'je krijgt hem van mij zelfs op posterformaat.'

'Dat zou prachtig zijn!' roept Asiphe verrukt.

De jongens lopen verder door het museum, langs oude landkaarten en houtsnijwerk uit Madagaskar, de brief van koopman Leij, de punt van de assegaai, een reconstructie van *De Meermin* met het stuk teruggevonden mast, scheepskisten en andere gebruiksvoorwerpen van VOC-schepen uit die tijd.

Themba komt naast zijn eregasten lopen en vertelt bij elk voorwerp een verhaal.

'Hoe verliep de tocht van de slaven van de Struisbaai naar De Kaap eigenlijk?' vraagt Asiphe aan Themba.

'Het was een lange, zware tocht waarbij een paar slaven zijn gestorven. Eigenlijk was dat natuurlijk niet de bedoeling, want elke slaaf leverde geld op. Vandaar dat ze onderweg veel stopten en redelijk goed werden gevoed.'

'Wat is er met Massavana en Roesaaij gebeurd?' vraagt Tom.

'Die sleten de rest van hun leven op Robbeneiland. Jullie weten wat dat is?'

'Daar zat Nelson Mandela toch ook gevangen?'

'Dat klopt. Robbeneiland werd bijna 400 jaar gebruikt voor gevangenen en bannelingen. Het water rondom het eiland is ijskoud en er zwemmen witte haaien in de zee. Geen enkele van de gevangenen die ooit heeft geprobeerd te ontsnappen, wist de kust te bereiken.

Bij aankomst op Robbeneiland werden Massavana en Roesaaij gebrandmerkt en daarna opgesloten. Zogenaamd in afwachting van hun proces, maar dat is er, voorzover ik weet, nooit van gekomen. Ze werden even onzichtbaar als de resten van *De Meermin* die na een paar jaar in het zand waren weggezakt.'

'Wat gebeurde er met schipper Muller en koopman Leij?' vraagt Tom verder.

'Met Muller liep het slecht af', antwoordt Themba. 'Hij kreeg in een proces de schuld van de slavenopstand door zijn nalatigheid en onzorgvuldigheid.'

'Maar hij was toch ziek toen de opstand uitbrak?' merkt Asiphe op.

'Daar had de VOC geen boodschap aan. Hij had de reglementen overtreden door de slaven los te maken en ze klusjes te laten doen die tot de taak van de bemanning behoorden. Hij werd ontslagen, er werd een maandsalaris ingehouden en hij

werd verbannen van De Kaap. Op het schip terug naar de Nederlanden moest hij zelfs nog hard werken om de overtocht te
betalen.'

'Maar het was toch koopman Leij die de slaven klusjes liet
doen?' vraagt Asiphe.

'Ja, dat was wel zo, maar de kapitein had dat volgens de VOC
nooit mogen toestaan. Hij was verantwoordelijk voor de orde
en discipline aan boord.'

'En hoe verging het koopman Leij?'

'Die werd niet berecht. Maar ik denk niet dat de heren van
de VOC hem nog een keer een opdracht hebben gegeven', grinnikt Themba.

Na een paar uur de tentoonstelling te hebben bekeken, nemen
Tom, Asiphe, David en Mike afscheid van Themba.

'Jammer dat u teruggaat naar Waanhuiskrans', zegt Themba lachend tegen Mike. 'Het liefst zou ik u als levend museum-
stuk aan de collectie toevoegen. Zou u geen zaalwachter willen
worden?'

'Nee, dank u', antwoordt de oude visser beslist. 'Mijn thuis is
in de duinen bij Waanhuiskrans. Daar hoor ik de wind en de zee
en kan ik elke dag mijn hand even in het water steken.'

'Dat kan hier ook', glimlacht Themba.

'Maar hier ben ik er niet zeker van of het water langs de kust
van Madagaskar heeft gestroomd.'

De volgende dag op school staan Asiphe en Tom in het middelpunt van de belangstelling. Vol trots laten ze hun medaille zien.
En ze krijgen er maar geen genoeg van aan iedereen die het horen wil het verhaal van hun vondsten te vertellen.

Nawoord

De opgraving
Het wrak van *De Meermin* werd in 2005 gevonden nabij de
monding van de rivier de Heuningnest door een team archeologen van het Zuid-Afrikaanse Iziko Museum. Omdat er in de
Struisbaai minstens 30 schepen zijn vergaan, is het nog helemaal niet zeker of het wrak echt *De Meermin* is. In maart 2006
is men met de opgraving begonnen.

Verklarende woordenlijst

bajonet steekwapen dat je op de loop van een geweer kon plaatsen.

bak groep van zes of zeven man die één bak voedsel kregen om onderling te verdelen.

bewindhebber directeur van een Kamer van de VOC.

bottelier onderofficier die de zorg had voor de verdeling van de levensmiddelen.

breeuwen de kieren tussen de planken van een schip dichtmaken met in teer gedrenkt henneptouw

galjoen uitstekend deel aan de boeg van een schip. Boven roosters op het galjoen deden de zeelieden hun behoefte. Aan het galjoen hing een touw in de golven, het allemansend geheten. Met het uiteinde van dit touw moest je je billen afvegen. De zee spoelde het touw weer schoon.

gouverneur hoogste bestuurder van een gewest of kolonie.

hondenwacht op een schip is een etmaal (24 uur) verdeeld in 6 x 4 uur om wacht te lopen. De zwaarste wacht was de hondenwacht, van 12 uur 's nachts tot 4 uur in de vroege ochtend.

Iziko Museum museum in Kaapstad waarvan een deel is gewijd aan de geschiedenis van de slavernij.

Kaap de Goede Hoop (De Kaap) in 1652 werd aan Jan van Riebeeck de opdracht gegeven om aan Kaap de Goede Hoop een verversingsstation in te richten waar de schepen verse voorraden konden innemen. Hij bouwde een vierkant houten fort dat later werd vervangen door een stenen fort met de naam Goede Hoop. Op de uit- en thuisreis moesten de VOC-schepen verplicht aanleggen aan De Kaap. De Kaap was de enige vestiging van de VOC die niet als handelspost, maar uitsluitend als verversingsstation en reparatieplaats voor gehavende schepen dienst deed. De Tafelbaai vormde een natuurlijke haven, ook al konden in de winter zware stormen het binnenvaren van de baai bemoeilijken. De bewindhebbers wilden door de vestiging het aantal doden als gevolg van ziekten op de schepen zoveel mogelijk terugdringen. Er werden moestuinen aangelegd en er werd een klein hospitaal ingericht, maar door de gebrekkige behuizing daarvan was het vooral aan het heilzame klimaat en het verse voedsel te danken dat zieken hier konden genezen.

knopen snelheidsmaat: één knoop is één zeemijl per uur, en een zeemijl is 1852 meter.

kraaiennest platform aan de top van de mast dat dient als uitkijk aan boord.

landdrost bestuurder van een gebied dat nog niet officieel bij het land of de kolonie is opgenomen. Hij is dus ook een soort politieambtenaar.

logboek of scheepsjournaal dagboek waarin de kapitein verslag doet van wat er elke dag tijdens de reis gebeurt.

maritiem archeoloog iemand die zich bezighoudt met overblijfselen uit oude tijden, opgediept uit scheepswrakken.

metaaldetector apparaat voor het opsporen van metalen voorwerpen.

Oost-Indië ook bekend als Nederlands Oost-Indië of Indië, was een Nederlandse kolonie die het gebied omvatte dat nu Indonesië is.

ra dwarsmast waaraan zeilen worden opgehangen.

reven het reven van de zeilen is het kleiner maken van de zeilen.

scheepsjongen de allerlaagste, minst gewaardeerde rang aan boord. Hulpje van de matroos. De scheepsjongen moest de smerigste schoonmaakkarweitjes doen.

slaven slavernij kwam in Afrika al sinds de oudste geschiedenis voor en was geen uitvinding van Nederlanders of andere Europeanen. In Afrika werd slavernij als een normaal verschijnsel beschouwd. Het was het gevolg van vele oorlogen waarbij de overwinnaars hun krijgsgevangenen als slaven verkochten. De oude Grieken en Romeinen hadden slaven en ook in de Arabische landen was slavernij eeuwenlang gewoon. Toen Nederland rond 1600 haar handelsgebied ging uitbreiden werd zij ook betrokken bij de slavenhandel. In de Hollandse slavenhandel speelde de West-Indische Compagnie

(WIC) (1621-1792) de grootste rol. Tussen 1621 en 1730 heeft de WIC ongeveer 273.000 slaven naar Amerika gebracht om te werken op de plantages. In totaal zijn tussen 1500 en 1850 tien tot elf miljoen Afrikanen naar Noord- en Zuid-Amerika getransporteerd. Aangeleverd door Afrikaanse en Arabische handelaren werden zij door de Europeanen naar Amerika gebracht.

De Verenigde Oost-Indische Compagnie speelde geen rol van betekenis in de slavenhandel. Toen de kolonie op De Kaap zich uitbreidde, had de VOC slaven nodig voor het werk in de moestuinen, in de wijngaarden en in het huishouden. Deze slaven kwamen voornamelijk van Madagaskar. De VOC zond regelmatig schepen uit om in Madagaskar slaven te kopen. Aanvankelijk was het niet bepaald een succes omdat veel slaven tijdens de reis overleden. Men zocht naar methoden om de sterfte zoveel mogelijk te beperken. Er werd bepaald dat er voldoende drinkwater en eten aan boord moest zijn om de slaven gezond te houden. Gedurende de hele VOC-tijd bleef de slavernij bestaan. In 1752 bestond de bevolking op De Kaap uit 4000 blanken, 5000 slaven en ongeveer 350 vrije zwarten.

Verenigde Oost-Indische Compagnie (VOC) Hollandse onderneming in de zeventiende en achttiende eeuw, die het alleenrecht had om handel met Azië te drijven en die namens de regering de veroverde gebieden vanuit de hoofdstad Batavia van Nederlands-Indië (tegenwoordig: Djakarta in Indonesië) bestuurde. Uit deze gebieden werden vooral specerijen gehaald, zoals peper, nootmuskaat, kruidnagelen, kaneel en foelie, die in Europa duur werden verkocht. De schepen die op Oost-Indië voeren, heetten Oost-Indiëvaarders.

'voor de mast' een schip werd verdeeld in twee helften waarbij de grote mast een grens was. Vóór die mast sliepen de gewone bemanningsleden. Het was voor de gewone zeelieden verboden 'voorbij de mast' te komen. Achter de mast hadden de kapitein, de koopman, officieren en andere bemanningsleden met een belangrijke functie hun onderkomen. Daar lagen onder andere ook de keuken en de ruimte voor de munitieopslag.

want al het touwwerk aan boord.

Verantwoording

Wij hebben geprobeerd de ware gebeurtenissen waarop deze verhalen zijn gebaseerd, zo goed mogelijk te volgen. Soms zijn wij er bewust van afgeweken om de gebeurtenissen uit het verleden of de historische benaming voor de lezer niet nodeloos ingewikkeld te maken of om de vaart in het verhaal te houden.

Wij danken Rolf Bos voor zijn artikel 'De gestrande Meermin' in *de Volkskrant* van 6 maart 2006 en het beschikbaar stellen van andere bronnen over *De Meermin*.

Onze dank gaat ook uit naar Jaco Boshoff, maritiem archeoloog bij de Iziko Musea in Kaapstad in Zuid-Afrika voor het opsporen van de originele brief van koopman Leij.

Verder danken we Jari en Sjahari voor hun fraaie portretten.

Ten slotte danken we Christ Stoffelen, medewerker van het Westfries Museum en de vereniging Oud Hoorn, die het verhaal kritisch heeft gelezen met het oog op de historische juistheid.

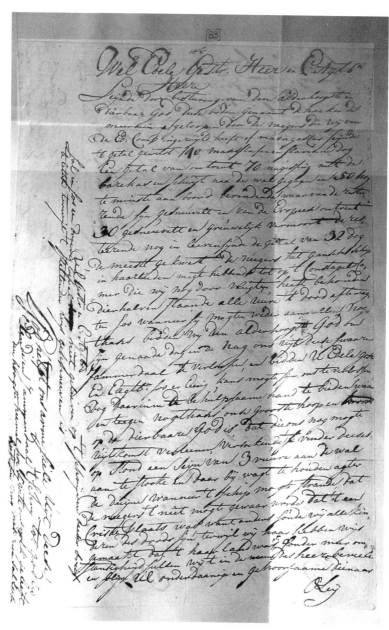

Courtesy of the Cape Archives , Cape Town, South Africa

Dit is een van de originele brieven van koopman Leij van *De Meermin*. Hij schreef deze brief nadat de slaven in opstand waren gekomen en hij samen met de helft van de bemanning in de kapiteinshut werd gegijzeld. Hij stopte de brief in een fles die hij overboord gooide. De fles spoelde aan op het strand en werd gevonden waarna de reddingsactie op gang kwam.

Weledel Gestrenge Heer en Edelachtbaare Heer

Seijnde door besturing van den alderhoogste dierbaare God deese bodem genaamt de hoeker de meermin afgeloopen door de neegers die wij voor de Edele Compagnie ingeruild heeft op madagaskar seijnde het getal geweest 140 manslaven en slavinnen dog een getal van omtrent 70 nagissing met de barekas en schuijt naar de wal gegaan en 50 terug te minste aan boord bevindende, waar van de resterende sijn gesneuvelt en van de Eropeesch omtrent 30 gesneuvelt en gruwelijk vermoort, de resterende nog in leeven sijnde de getal van 32 dog de meeste gekwest; de neegers het gansche schip in haarlieden magt hebbende tot op 't constapelcamer die wij nog door vlugten heeft behouden; dierhalven staande alle uure 't dood af te wagten soo wanneer sij mogten weder aanvallen. Nogthans bidden wij den alderhoogste God ons sijn genaade dag en nag ons uijt deese swaare jammerdaal te verlossen, en bidden U Edelgestrenge en Edelagtbare soo er eenig kans mogte sijn ons te verlossen dog daarinne de behulpsaame hand te bieden waarentegen nogthans onse grooste hoop en troost op de dierbaare God is, dat die ons mogte uijtkomst verleenen, versoekende te vinder deeses op stond een seijn van 3 vuure aan de wal aan te stooke en daar bij wagt te houden agter de duijnen wanneer 't schip mogte stranden dat de neegers 't niet gewaar worden dat 't een criste plaats was want anders soude wij alle kinderen des doods sijn terwijl wij haar hebben wijsgemaakt dat het haar land was zonder meer omstandigheijd sullen wij 't in de naam

des heer beveele en blijven u edele onderdaanige en gehoorsaame
dienaar.

O. Leij

Weledelgestrenge en Edelagtbaare
sal soo een droevig toeval niet gelieven op 't schrijven te letten ter-
wijl 't steelende wijs geschreven is

God helpt ons arme siele uijt deese elende en jammerdaal 't schrij
tot God in den hoogste hemel hoe hij mette ons volk geleeft heeft
en nog met ons sal leeve

['Vertaling' door Bernard Nuyens]

Lees ook de andere boeken van André Nuyens:

1997   *Vlinder en vlieg*
       verfilmd in tv-programma voor kinderen
2004   *Het geheim van de zandloper*
       Genomineerd voor de Thea Beckmanprijs
2006   *De dievegge en de gek*
       Genomineerd voor de Thea Beckmanprijs
2007   *Jonge helden!*

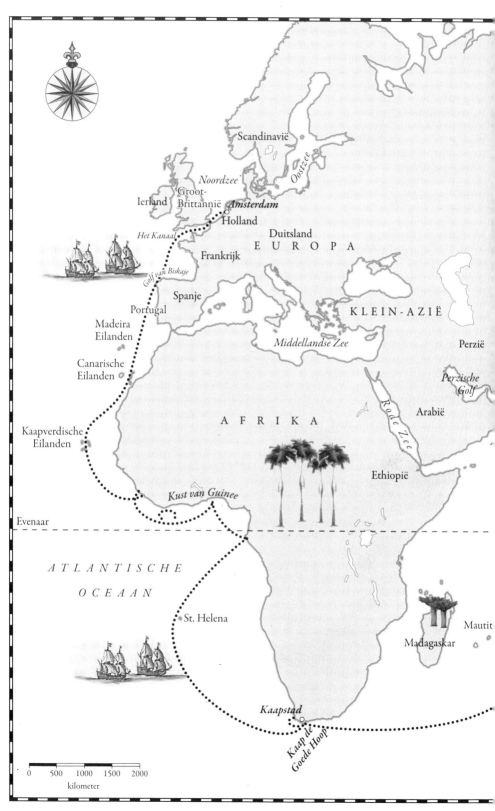

Scandinavië

Noordzee

Groot-
Brittannië · *Amsterdam*

Ierland

Holland

Het Kanaal

Duitsland

E U R O P A

Frankrijk

Golf van Biskaje

Spanje

Portugal

K L E I N - A Z I Ë

Middellandse Zee

Perzië

Madeira
Eilanden

Canarische
Eilanden

*Perzische
Golf*

A F R I K A

Rode Zee

Arabië

Kaapverdische
Eilanden

Ethiopië

Kust van Guinee

Evenaar

A T L A N T I S C H E

O C E A A N

Mautit

St. Helena

Madagaskar

Kaapstad

*Kaap de
Goede Hoop*

0   500   1000   1500   2000
kilometer